Christiane Schiersmann / Marcus B. Hausner

Kollegiale Beratung: komplexe Situationen gemeinsam meistern

Vandenhoeck & Ruprecht

Mit 15 Abbildungen und 10 Tabellen

Bibliografische Information der Deutschen Nationalbibliothek:
Die Deutsche Nationalbibliothek verzeichnet diese Publikation in der
Deutschen Nationalbibliografie; detaillierte bibliografische Daten sind
im Internet über https://dnb.de abrufbar.

© 2023 Vandenhoeck & Ruprecht, Robert-Bosch-Breite 10, D-37079 Göttingen,
ein Imprint der Brill-Gruppe
(Koninklijke Brill NV, Leiden, Niederlande; Brill USA Inc., Boston MA, USA;
Brill Asia Pte Ltd, Singapore; Brill Deutschland GmbH, Paderborn, Deutschland;
Brill Österreich GmbH, Wien, Österreich)
Koninklijke Brill NV umfasst die Imprints Brill, Brill Nijhoff, Brill Hotei,
Brill Schöningh, Brill Fink, Brill mentis, Vandenhoeck & Ruprecht, Böhlau,
V&R unipress und Wageningen Academic.

Alle Rechte vorbehalten. Das Werk und seine Teile sind urheberrechtlich
geschützt. Jede Verwertung in anderen als den gesetzlich zugelassenen Fällen
bedarf der vorherigen schriftlichen Einwilligung des Verlages.

Umschlagabbildung: BAIVECTOR/Shutterstock.com

Satz: SchwabScantechnik, Göttingen
Druck und Bindung: ⊕ Hubert & Co. BuchPartner, Göttingen
Printed in the EU

Vandenhoeck & Ruprecht Verlage | www.vandenhoeck-ruprecht-verlage.com

ISBN 978-3-525-40864-3

Inhalt

1 Einführung 9

2 Das Format Kollegialer Beratung 13
   2.1 Entstehung und Begrifflichkeiten 13
   2.2 Anwendungsfelder und Zielgruppen 14
   2.3 Ziele, Wirkung und Grenzen 16
   2.4 Konzeptionelle Grundlagen und empirische Forschungsarbeiten ... 18
   2.5 Kernelemente des Formats Kollegialer Beratung 19
      2.5.1 Fallorientierung 20
      2.5.2 Gruppe als Basis für die Fallbearbeitung 20
      2.5.3 Rollen 24
      2.5.4 Ablaufstruktur 24
   2.6 Start kollegialer Gruppen 25

3 Das Heidelberger integrative Prozessmodell als konzeptionelle Grundlage für Kollegiale Beratung 26
   3.1 Theoretische Bezugspunkte 26
      3.1.1 System- bzw. Komplexitätstheorien als Antwort auf gesellschaftliche Herausforderungen 26
      3.1.2 Theorie der Selbstorganisation (Synergetik) 28
      3.1.3 Theorie des komplexen Problemlösens 31
      3.1.4 Reflexion als zentraler Bestandteil des Umgangs mit Komplexität 33
   3.2 Prinzipien der Gestaltung Kollegialer Beratung auf der Basis des Heidelberger integrativen Prozessmodells 35
      3.2.1 Prozessumfassendes Wirkprinzip Stabilität 39
      3.2.2 Prozessbezogene Wirkprinzipien 40

4 Kollegiale Beratung auf der Basis des Heidelberger integrativen Prozessmodells 45

- 4.1 Prozessumfassendes Wirkprinzip Stabilität 45
  - 4.1.1 Strukturelle Stabilität 47
  - 4.1.2 Psychologische Stabilität 52
  - 4.1.3 Kommunikative Stabilität 53
- 4.2 Prozessbezogene Wirkprinzipien 55
  - 4.2.1 Stabilität schaffen 55
  - 4.2.2 System und Muster identifizieren 57
  - 4.2.3 Ziele und Erfolgsfaktoren formulieren 59
  - 4.2.4 Lösungswege sammeln 61
  - 4.2.5 Umsetzung und Musterbrechung fördern 62
  - 4.2.6 Auswertung und Transfer ermöglichen 62
- 4.3 Gestaltungselement: Prozessreflexion 63
- 4.4 Gestaltungselement: Prozesserfassung 64
  - 4.4.1 Prozesserfassung für die Lerngeschichte der Ratsuchenden 64
  - 4.4.2 Prozesserfassung für die Lerngeschichte der kollegialen Beratungsgruppe 65
  - 4.4.3 Prozesserfassung als Basis zur Erforschung Kollegialer Beratung 66

5 Kollegiale Beratung als Live-Online-Setting 67

- 5.1 Das Live-Online-Setting als Trend 67
- 5.2 Begegnung gestalten – vor Ort und Live-Online 68
  - 5.2.1 Gemeinsamkeiten und Unterschiede 68
  - 5.2.2 Implikationen für die Kollegiale Beratung 72
- 5.3 Handlungsempfehlungen und Tipps 73
  - 5.3.1 Tipps zur technischen und organisatorischen Vorbereitung 73
  - 5.3.2 Tipps zur Gestaltung des Beratungsprozesses 74
  - 5.3.3 Tipps zur Kommunikation 75
  - 5.3.4 Tipps zum Einsatz verfügbarer Softwarefunktionen 76
- 5.4 Durchführung einer Live-Online Kollegialen Beratung 78
  - 5.4.1 Einzelbeitrag 78
  - 5.4.2 Offener Dialog 79
  - 5.4.3 Text-Chat 79
  - 5.4.4 Whiteboard 80
  - 5.4.5 Bildschirmfreigabe und Vorlagen 80
  - 5.4.6 Live-Online-Methodenelemente in der Kollegialen Beratung 80

6	**Methodische Impulse**	83
	6.1 Systemische Gesprächsfiguren	83
	6.1.1 Theoretischer Kontext und Ziel	83
	6.1.2 Vorgehensweise	84
	6.1.3 Kommentar zu den systemischen Gesprächsfiguren	88
	6.2 Systemische Werkzeuge	88
	6.2.1 Inneres Team	88
	6.2.2 System-Struktur-Zeichnung	92
	6.2.3 Systemmodellierung	96
7	**Fazit**	103
	Literatur	105

Anhang

Leitfäden	111
Arbeitshilfen	141
Zugang zum Onlinematerial	147

1 Einführung

Kollegiale Beratung versteht sich als ein Format, das es Personen ermöglicht, in überschaubaren Gruppen zu kooperieren und sich gegenseitig auf Augenhöhe und ohne professionelle Unterstützung zu beraten. Sie ist *arbeitsweltbezogen*, denn im Beratungsprozess werden persönlich erlebte Fallsituationen aus der Arbeitswelt bearbeitet. Sie ist *gruppenorientiert*, denn eine Gruppe von circa fünf bis acht Personen bildet einen Resonanzraum für den Beratungsprozess. Das Format ist *rollenbasiert*, denn wechselnde Rollen der beteiligten Gruppenmitglieder, unter anderem Ratsuchende, Moderierende und Beratende, bilden die Basis für eine hierarchiearme Interaktion, und *prozessorientiert*, denn die Beratung folgt einer festen Ablaufstruktur. Jede Form von Beratung – auch die Kollegiale Beratung – beruht auf *Freiwilligkeit*; so können eine vertrauensvolle Lernkultur sowie ein Beratungsprozess, der von Ernsthaftigkeit und Offenheit geprägt ist, aufgebaut werden.

Die Vorteile und der Nutzen Kollegialer Beratung

Vorteile Kollegialer Beratung lassen sich auf verschiedenen Ebenen benennen: Die ratsuchenden Personen profitieren vom gemeinsamen Bearbeiten des Falls, indem sie neue Perspektiven gewinnen und mögliche Lösungswege durch die Gruppe erarbeitet werden. Die Gruppenmitglieder profitieren insgesamt von den Erfahrungen der Kolleginnen[1], da sie sich häufig mit vergleichbaren Fragestellungen oder Situationen auseinandersetzen müssen. Schließlich erweist sich Kollegiale Beratung auch für den organisationalen Kontext als fruchtbar, weil neu erarbeitete Handlungsstrategien relativ schnell und problemlos in den betrieblichen Alltag transferiert werden können. Kollegiale Beratung unter-

---

1 In Bezug auf das Gendern wird abwechselnd die weibliche und die männliche Schreibform gewählt.

stützt damit zum einen selbstgesteuerte kollektive Lernprozesse und kann zum anderen als kostengünstige Entwicklungsstrategie im Vergleich zu traditionellen Formen der Weiterbildung gelten. Vor diesem Hintergrund wächst der Stellenwert Kollegialer Beratung gegenwärtig deutlich.

Die Wurzeln Kollegialer Beratung

Entwickelt hat sich Kollegiale Beratung im deutschsprachigen Raum seit den 1960er Jahren. Sie hat zunächst unter anderem in der Aus- und Fortbildung von Beratenden und therapeutisch arbeitenden Professionellen Verbreitung gefunden, als Format für die Reflexion der Praxis dieser Professionellen, in der Sozialen Arbeit, in der Lehrerbildung, der Schulpraxis und im Gesundheitswesen. Damit hat sich Kollegiale Beratung traditionell vor allem in Berufsfeldern etabliert, deren Arbeit durch anspruchsvolle, nicht standardisierbare Kommunikation mit Kunden und Kolleginnen gekennzeichnet ist. Diese komplexen Kommunikationsprozesse erfordern eine systematische Reflexion des Einzelfalls. All dies leistet Kollegiale Beratung. In der Literatur finden sich weitere Bezeichnungen dieses Formats, zum Beispiel kollegiales Coaching, kollegiale Supervision, kollegiale Praxisberatung oder Intervision, wobei die Unterschiede in der Ausgestaltung des Formats als eher gering einzustufen sind. Daher wird diesem Buch »Kollegiale Beratung« – quasi als Oberbegriff – zugrunde gelegt.

Die Bedeutung des Formats heute

In jüngerer Zeit hat Kollegiale Beratung auch in weiteren Sektoren der Arbeitswelt an Attraktivität gewonnen. Dabei spielt die gewachsene Komplexität in der Arbeitswelt einschließlich der damit einhergehenden Unsicherheit ebenso eine Rolle wie die Tendenz, in Organisationen Hierarchien zu reduzieren. Neue Arbeitskonzepte wie New Work, agile Transformation, Soziokratie oder andere auf *Augenhöhe* basierende Ansätze, die auf komplexe Herausforderungen reagieren wollen, setzen auf Organisationsprinzipien wie Autonomie und Selbstorganisation. Insbesondere das in diesem Buch vorgestellte Konzept der Kollegialen Beratung beruht auf den Erkenntnissen der jüngeren System- und Komplexitätswissenschaften, die das bewusste Gestalten von Veränderung als ein Wechselspiel von Dynamik und Stabilität sozialer Systeme begreifen. Dieses Format bildet somit einen zeitgemäßen und komplexitätsorientierten Ansatz für betriebliche Lern- und Entwicklungsprozesse.

Warum (noch) ein Buch zu diesem Thema?

Trotz recht weiter Verbreitung Kollegialer Beratung in der Praxis liegen bislang nur wenig Publikationen und vor allem wenig konzeptionell fundierte bzw. empirisch basierte Forschungsarbeiten vor (dies wird eingehender in Kapitel 2.4 dargelegt). Es dominieren Veröffentlichungen, die eine Vielzahl von Methoden für die Kollegiale Beratung präsentieren. Um die theoretische Fundierung der Kollegialen Beratung zu stärken und diese auf aktuelle Anforderungen zu beziehen, liegt diesem Buch ein spezifisches theoriebezogenes Konzept, das Heidelberger integrative Prozessmodell für Beratung, zugrunde. Angesichts der skizzierten Veränderungen in der Arbeitswelt sowie der Komplexität des Beratungsprozesses selbst wird es als wichtig angesehen, sich an Ansätzen komplexitätsorientierter Systemtheorien zu orientieren. Daher basiert das Modell auf zwei Metatheorien, der Synergetik als Theorie der Selbstorganisation und der systemischen Problemlösetheorie. Zudem räumt es systematischen Reflexionsprozessen einen zentralen Stellenwert ein. Dieses zunächst für professionelle Beratungsformate entwickelte Konzept wird auf das Format Kollegialer Beratung übertragen und durch Handlungsempfehlungen und Arbeitsmaterialien praxisbezogen ausgestaltet. Dieses Buch reagiert auf die derzeit stark steigende Bedeutung virtueller Lernformen unter anderem mit einem Beitrag, wie Kollegiale Beratung in einem interaktiven Live-Online-Setting anzulegen ist. Präsenzveranstaltungen und synchron stattfindende Live-Online-Settings folgen unterschiedlichen Logiken. Vorteile online durchgeführter Veranstaltungen können organisatorischer, finanzieller und zeitlicher Art sein. Diese Effekte lassen sich gerade auch für Kollegiale Beratung nutzen und machen diese für viele Zielgruppen attraktiv.

Das erwartet Sie – Wegstationen des Buches

Nach dieser Einführung werden in Kapitel 2 die Spezifik des bereits knapp skizzierten allgemeinen Formats Kollegialer Beratung detaillierter charakterisiert und der Forschungsstand präsentiert. In Kapitel 3 wird die theoretische Grundlage der in diesem Buch vorgeschlagenen Ausgestaltung des Beratungsprozesses vorgestellt. Kapitel 4 beschreibt auf dieser Basis den Ablauf der Beratungsprozesse detailliert und praxisbezogen. Ergänzend werden Übersichten und Onlinematerialien[2] zur Verfügung gestellt. Kapitel 5 transformiert diesen Pro-

---

2 An den entsprechenden Stellen im Buch weist dieses Icon ⬇ auf Onlinematerialien hin.

zess in Bezug auf Live-Online-Bedingungen. In Kapitel 6 finden sich methodische Anregungen, die das zugrunde gelegte theoretische Konzept stützen und auswahlweise in die kollegiale Arbeit einbezogen werden können. Kapitel 7 formuliert ein Fazit für Anwenderinnen und Berater.

2 Das Format Kollegialer Beratung

In diesem Kapitel wird das Format der Kollegialen Beratung unter verschiedenen Gesichtspunkten auf einer allgemeinen Ebene charakterisiert: Es werden die Entstehung sowie verschiedene in der Fachdiskussion verwendete Begrifflichkeiten vorgestellt, Anwendungsfelder und Zielgruppen Kollegialer Beratung umrissen, deren Ziele, Grenzen und Wirkungen aufgezeigt, konzeptionelle Grundlagen und empirische Forschungsarbeiten skizziert sowie Kernelemente des Formats herausgearbeitet.

2.1 Entstehung und Begrifflichkeiten

Bei Kollegialer Beratung handelt es sich – wie bereits erläutert – auf einer allgemeinen Ebene um einen Beratungsprozess unter Kolleginnen, bei dem in aller Regel ein konkreter Fall aus der Arbeitswelt bearbeitet wird. Erste Konzepte Kollegialer Beratung entwickelten sich im deutschsprachigen Raum Ende der 1960er Jahre – circa ein Jahrzehnt nach der Einrichtung von Ausbildungsgängen zur Supervision an Akademien und zentralen Fortbildungsinstituten. Fengler, Sauer und Stawicki (2000, S. 175–178) weisen auf verschiedene Vorläufer und unterschiedliche Einflüsse auf die Entwicklung Kollegialer Beratung hin: von der Fallsupervision unter Kollegen in Freuds sogenannter Mittwochsgesellschaft über leiterlose Selbsterfahrungsgruppen bis hin zur Arbeit der Anonymen Alkoholiker. Belardi zufolge (1994, S. 111–112) sind in der amerikanischen Literatur Modelle der Kollegialen Beratung zwischen erfahrenen Sozialarbeiterinnen bereits seit den 1950er Jahren zu finden. Allerdings existiert bis heute keine einheitliche Begrifflichkeit. So ist unter anderem die Rede von »Kollegialer Beratung« (Fallner u. Gräßlin, 1990), von »Kollegialer Fallbesprechung« (Gudjons, 1977), »Kollegialer Supervision« (Pallasch, 1991), »Intervision« (Buer, 1988; Hendriksen, 2011; Lippmann, 2013; Kühl u. Schäfer, 2020), »Peer-Group-Supervision« bzw. »Peer-Supervision« (Fengler, Sauer u. Stawicki, 2000), »kooperativer

Beratung« (Mutzeck, 2008), in jüngerer Zeit auch von »Kollegialem Coaching« (Untertitel bei Lippmann, 2013). Der Bezug auf das Supervisionskonzept ist stärker in sozialen Feldern verbreitet, während der Begriff »Coaching« im gewerblichen Bereich breit Einzug gehalten hat.

In Bezug auf die Ziele und das Setting unterscheiden sich die verschiedenen Ansätze nicht sehr. Überwiegend wird davon ausgegangen, dass der Beratungsprozess ohne externe professionelle Beratende erfolgt – was ein Einführungsseminar oder eine gelegentliche Reflexion des gemeinsamen Arbeitsprozesses mit professioneller Unterstützung nicht ausschließt. Demgegenüber gehen einige wenige Autoren (z. B. Brinkmann, 2013; Hendriksen, 2011; Schley u. Schley, 2010) davon aus, dass der Prozess durchgängig von einer professionellen Beratungskraft begleitet wird. Diesem Buch wird das erstgenannte Konzept eines Beratungsprozesses ohne professionelle Leitung zugrunde gelegt. Es wird für dieses Format insgesamt der Begriff der »Kollegialen Beratung« gewählt.

2.2 Anwendungsfelder und Zielgruppen

Wie bereits erwähnt, ist Kollegiale Beratung traditionell vor allem in Berufsfeldern etabliert, in denen sich die Arbeit durch anspruchsvolle Kommunikation mit Kundinnen oder Kollegen auszeichnet und diese zentraler Bestandteil des professionellen Selbstverständnisses ist; der Grund dafür liegt in der Notwendigkeit systematischer – fallspezifischer – Reflexion für nicht routinisierbare Kommunikationsprozesse, was gleichzeitig auch den Gegenstand Kollegialer Beratung bildet. Daher ist dieses Beratungssetting in psychosozialen Berufsfeldern, zum Beispiel Therapie-, Beratungs- oder Supervisionsausbildungen, bei ausgebildeten Therapeutinnen und Beratenden weit verbreitet und gehört in Beratungs- und Therapieausbildungen weitgehend zum Standard. Ebenso ist Kollegiale Beratung in Sozialarbeit, Sozialpädagogik, Lehrerbildung, Schule sowie im Pflegebereich (Kühl u. Schäfer, 2020, S. 8–13) verbreitet. Tietze (2019, S. 443) weist allerdings darauf hin, dass im Bereich der Pflege weniger die subjektive Bearbeitung eines Falls im Mittelpunkt steht. Dort zielen kollegiale Gruppen stärker auf die Interventionsplanung und die Koordination mehrerer Beteiligter ab, auf die Erarbeitung eines gemeinsamen Verständnisses eines Falls.

Die komplexer werdende Arbeitswelt hat in den letzten Jahren dazu geführt, dass Kollegiale Beratung auch in anderen Arbeitsfeldern an Bedeutung gewonnen hat. In Erfahrungsberichten bzw. konzeptionell orientierten Publikationen wird häufig auf die zunehmende Aktualität des Konzepts hingewiesen (Lippmann, 2013, S. IX; Tietze, 2019, S. 440; Kühl u. Schäfer, 2020, S. 3). Diese Aktualität lässt sich zurückführen auf eine veränderte Arbeitsorganisation mit flacheren Hierarchien, die durch Volatilität, Unsicherheit, Komplexität und Ambiguität gekennzeichnet ist, und eine zunehmende Bedeutung von Kooperation und Teamarbeit (Kühl u. Schäfer, 2020, S. 2; Andresen, 2018). Diese Entwicklungen erfordern eine erhöhte Reflexionsfähigkeit der Arbeitskräfte. Kaltenecker (2017, S. 18) zählt Kollegiale Beratung zu den »Herzstücken selbstorganisierter Unternehmenskulturen«. Auch im Kontext von Organisationsentwicklungsprojekten lässt sich Kollegiale Beratung sinnvoll einsetzen (Müller u. Müller, 2011), führt dort aber eher noch ein Schattendasein.

Typische Zielgruppen für die Kollegiale Beratung sind dementsprechend:
- Professionelle aus dem psychosozialen Bereich im Kontext von Aus- und Weiterbildungen oder nach deren Abschluss,
- Führungskräfte auf unterschiedlichen hierarchischen Ebenen,
- Fachkräfte mit ähnlichen Funktionen,
- Projektmitarbeiter.

Gegenstand des kollegialen Beratungsprozesses sind konkrete arbeitsweltbezogene Themen. Typische Beratungsanlässe können unter anderem sein:
- Konfliktsituationen zwischen Vorgesetzten und Mitarbeitenden oder zwischen Mitarbeitenden,
- problematische Arbeitssituationen,
- schwierige Situationen in Projektkonstellationen,
- kritisches Hinterfragen eigener Einstellungen, Überzeugungen und Wertvorstellungen,
- Aspekte der individuellen Berufs- und Lebensplanung,
- Aufdecken eigener »blinder Flecken«,
- Umgang mit hoher beruflicher Belastung.

Folgende Themen eignen sich nicht für Kollegiale Beratung (s. dazu auch Tietze, 2013, S. 34–35; Kühl u. Schäfer, 2020, S. 37–38):
- allgemeine Organisationsfragen, die kein individuelles, konkretes Beratungsanliegen beinhalten,
- Probleme, von denen mehrere oder alle Teilnehmenden betroffen sind,
- Konflikte innerhalb der kollegialen Beratungsgruppe.

Ausschlaggebend für den Ausschluss allgemeiner Organisationsfragen ist die Spezifik des Formats, das sich per Definition auf die Bearbeitung konkreter Fälle konzentriert. Bei Problemen, von denen mehrere oder alle Teilnehmenden betroffen sind, sowie bei Konflikten innerhalb der Gruppe wird davon ausgegangen, dass wegen der Involviertheit der Beteiligten in den Konflikt die nötige Distanz zur Bearbeitung dieser Fälle fehlt. Für solche Situationen ist zur produktiven Bewältigung die Einbeziehung einer externen professionellen Beraterin erforderlich.

2.3 Ziele, Wirkung und Grenzen

Von Beginn der kollegialen Beratungspraxis an spielte das Motiv der Professionalisierung beruflichen Handelns eine zentrale Rolle (Tietze, 2016, S. 316). Kollegiale Beratung wird in erster Linie als geeignet für Beschäftigte erachtet, die einen hohen Grad an Autonomie aufweisen und eine hohe Komplexität in ihren Aufgaben zu bewältigen haben (Linderkamp, 2011, S. 208).

In der Literatur ist die Differenzierung zwischen Zielen und Wirkungen nicht immer ganz trennscharf. In Bezug auf die *Ziele* seien stellvertretend die von Tietze (2013, S. 19) formulierten benannt:
- Lösungen für konkrete Praxisprobleme,
- Reflexion beruflicher Tätigkeiten und der Berufsrolle,
- Ausbau von Beratungskompetenzen.

Die *Wirkung* der Kollegialen Beratung lässt sich in Bezug auf die individuelle, die Gruppen- und die Organisationsebene ausdifferenzieren. Hinsichtlich der individuellen Ebene besteht die Chance für die Ratsuchenden darin, in einem kompetenten und vertrauensvollen Kontext als schwierig oder konflikthaft wahrgenommene Situationen innerhalb der Arbeitswelt zu reflektieren und im Hinblick auf neue Lösungsmöglichkeiten zu bearbeiten.

Die Evaluationsstudie von Tietze (2010) zu den Wirkprozessen Kollegialer Beratung liefert Erkenntnisse zur Frage, inwieweit sich die längerfristige Teilnahme an Kollegialer Beratung auf die Selbsteinschätzung beruflicher Handlungskompetenzen sowie auf berufliche Beanspruchungen auswirkt. Dieser Studie zufolge führt offenbar bereits eine vergleichsweise niedrige Frequenz von kollegialen Beratungssitzungen dazu, dass die Gruppenmitglieder ihre beruflichen Beanspruchungen vermindert und relevante berufliche Handlungskompetenzen in eine positive Richtung entwickelt erleben (Tietze, 2010, S. 221). Dabei wurden folgende Wirkdimensionen analysiert: Problemerkennung, Problemlösung, Menschen bewegen, sich vernetzen, Motivation von anderen und Kontaktaufbau sowie -pflege, systematisches und reflektiertes Handeln und Planung der eigenen Arbeitsabläufe. Außerdem wurde die Wirksamkeit

Kollegialer Beratung in Bezug auf eine verbesserte Problemerkennung bestätigt. Die Teilnahme an Kollegialer Beratung scheint demzufolge über die Beratungssituation hinaus zu wirken und die Sensibilität hinsichtlich problematischer Situation zu steigern. Die Förderung systematischen und reflektierten Handelns und die Fähigkeit zu planvollem Vorgehen konnten ebenfalls bestätigt werden. Auch die Studie von Linderkamp (2011) kommt zu dem Ergebnis, dass Kollegialer Beratung aus Expertensicht eine hohe Leistungsfähigkeit, insbesondere zur Unterstützung von Reflexionsprozessen, zu beruflichen Klärungsprozessen und zur Entscheidungsvorbereitung, zugesprochen wird.

Auch die Gruppenmitglieder, die gerade nicht mit einem Fall im Mittelpunkt stehen, sowie die Gruppe insgesamt profitieren von dem gemeinsamen Lernprozess: Sie können ebenfalls neue Einsichten und Verhaltensmöglichkeiten entdecken und lernen Konfliktkonstellationen und Interventionsstrategien kennen, die auch für die eigene Arbeit hilfreich sein (Fengler, Sauer u. Stawicki, 2000, S. 190) und ihre berufsrelevanten Kommunikations- und Problemlösekompetenzen stärken können. Tietze (2013, S. 26) hebt die Förderung der Kultur der gegenseitigen Unterstützung hervor. Im Hinblick auf die Gruppe insgesamt kann Kollegiale Beratung als wichtige Form selbstorganisierten kollektiven Lernens angesehen werden.

Schließlich eröffnet Kollegiale Beratung auch einen Nutzen für die jeweilige Organisation der Mitglieder. Die Erfahrungen und Einsichten aus der Kollegialen Beratung können leichter und schneller als bei klassischen Weiterbildungsveranstaltungen in den Arbeitsalltag eingebracht werden unter der Voraussetzung, dass die Organisation dies zulässt und unterstützt. Lippmann (2013, S. 4) betont unter anderem den Aspekt der Schärfung der professionellen Expertise und Qualitätssicherung. Schmid, Veith und Weidner (2010, S. 90–98) heben den Aspekt der Förderung der betrieblichen Kommunikations- und Lernkultur hervor. Schließlich kann der Austausch von Erfahrungswissen auch als Grundlage für Wissensgenerierung im Kontext des Wissensmanagements beziehungsweise der lernenden Organisation genutzt werden. Es handelt sich zudem um eine im Vergleich zur Teilnahme an Kursen oder Seminaren relativ kostengünstige Weiterbildungsform.

Die bisherige Darstellung mag Kollegiale Beratung als ein relativ einfach zu handhabendes Format erscheinen lassen. Allerdings zeigt sich bei näherer Betrachtung, dass es eine durchaus anspruchsvolle Aufgabe ist, Kollegiale Beratung erfolgreich zu initiieren, eine Gruppe längerfristig aufrechtzuerhalten und durchgängig hochwertige Beratungsprozesse zu realisieren (Tietze, 2010), zumal in Erfahrungsberichten unter anderem Schwierigkeiten mit einzelnen Mitgliedern, methodische Komplikationen, krisenhafte Phasen in der Gruppenentwicklung oder organisatorische Hindernisse als Probleme oder *Grenzen* dieses Beratungsformats genannt werden (Tietze, 2019, S. 440). Tietze geht daher zurecht davon aus, dass die ablaufenden intendierten sowie nicht-intendierten Prozesse in der Kollegialen Beratung ebenso vielschichtig sein dürften wie bei professionellen Beratungsformaten, ohne dass dies schon genau erforscht wäre (2019, S. 440).

2.4 Konzeptionelle Grundlagen und empirische Forschungsarbeiten

Obwohl Kollegiale Beratung inzwischen eine weite Verbreitung in vielen Berufsfeldern gefunden hat, ist eine theoretische Fundierung nicht in allen Publikationen explizit vorzufinden und der empirische Forschungsstand als eher rudimentär zu kennzeichnen (Lippmann, 2013, S. VII). Dies lässt sich nach Tietze (2019, S. 450) durch mehrere Faktoren erklären, die miteinander verwoben sind: So ist Kollegiale Beratung nicht eindeutig in einer wissenschaftlichen Disziplin verortet, sondern bildet ein Unterthema in verschiedenen Fachrichtungen, unter anderem Psychologie oder Erziehungswissenschaft, was eine stringente Forschung erschwert. Zudem verkompliziert die Vielfalt an Begriffen (wie ansatzweise unter 2.1 dargestellt) einen Überblick über die Literaturlage und den Forschungsstand. Zwar wird das Verfahren im Rahmen verschiedener Studiengänge gelehrt, jedoch ist die Forschung dazu nicht ausgeprägt. Dies liegt unter anderem daran, dass es insgesamt in Deutschland noch recht wenige Professuren für Beratung gibt und diese sich in der Regel eher nicht mit Kollegialer Beratung auseinandersetzen. Da es sich bei Kollegialer Beratung nicht um eine professionelle Tätigkeit im Sinne eines Berufes handelt, existieren weder eine starke Lobby noch explizite Berufsverbände, die sich für Forschung einsetzen könnten. Vor diesem Hintergrund ist nicht verwunderlich, dass überwiegend methodenorientierte Publikationen vorliegen. Einige Konzepte lehnen sich theoretisch an die sogenannten Beratungsschulen an, zum Beispiel an das personzentrierte Konzept (u. a. eine wichtige Basis im Konzept von Schlee, 2019), an die verhaltensorientierte Beratung (z. B. Rotering-Steinberg, 2005) oder an systemische Beratungskonzepte (z. B. Ehinger u. Hennig, 1997 oder Patrzek u. Scholer, 2018). Bei vielen Veröffentlichungen ist eine theoretische Basis nicht explizit ausgewiesen, theoretische Bezüge werden lediglich schlagwortartig angedeutet oder es wird auf verschiedene, nicht immer widerspruchsfreie Konstrukte verwiesen. Tietze (2010, S. 44) und Kühl und Schäfer (2020, S. 21–22) kommen daher zu dem Ergebnis, dass die Literaturlage von einem pragmatisch orientierten Eklektizismus geprägt ist. Außerdem fällt auf, dass die Autorinnen nur wenig Bezug aufeinander nehmen (Kühl u. Schäfer, 2020, S. 21).

Im Hinblick auf empirische Befunde liegen für den deutschsprachigen Raum mehrere fundierte, mit qualitativen Methoden arbeitende Dissertationen vor (z. B. Tietze, 2010; Linderkamp, 2011; Kaesler, 2016). Außerdem wurden einige Evaluationsstudien durchgeführt: eine Pilotstudie von Kühl und Krczizek (2009) mit zwölf Intervisionsgruppen und 88 Teilnehmenden, Nowoczin (2012) evaluierte Führungskräfteentwicklung mittels Kollegialer Beratung, Völschow (2012, 2016) analysierte Kollegiale Beratung mit Führungskräften aus Justiz und Polizei.

Tietze (2019, S. 440) zufolge ist die Forschung im englischsprachigen Raum etwas entwickelter. Allerdings ist im Hinblick auf die Übertragbarkeit auf deutsche Verhältnisse zu beachten, dass auch im Englischen verschiedene Begrifflichkeiten verwendet werden und nicht immer klar ist, ob die Settings mit den in Deutschland vorherrschenden vergleichbar sind. So wird unter *Peer Coaching* häufig eine Beratung zwischen lediglich zwei Personen verstanden.

2.5 Kernelemente des Formats Kollegialer Beratung

Unter Bezugnahme auf Tietze (2019, S. 441–448) lässt sich Kollegiale Beratung durch folgende Kernelemente charakterisieren:
- Die Bearbeitung arbeitsweltbezogener *Fälle* bildet den thematischen Fokus.
- Die Fallbearbeitung findet in einer *Gruppe* ohne externe Leitung statt.
- Es wird ein relativ strenger *Ablauf* des Beratungsprozesses zugrunde gelegt, der die Interaktion strukturiert und in gewisser Weise einen professionellen Berater ersetzen soll.
- Es werden in der Gruppe *Rollen* festgelegt, die reversibel sind und regelmäßig wechseln.
- Ergänzend zu den vier bei Tietze genannten Kriterien wird ergänzt, dass die Beteiligung an Kollegialer Beratung auf *Freiwilligkeit* beruhen sollte, damit ein ernsthafter und vertrauensvoller Prozess initiiert werden kann.

Diese Kernmerkmale Kollegialer Beratung stehen in einem komplexen Wechselwirkungsprozess zueinander. Wie sie unter jeweils gegebenen Rahmenbedingungen und mit den konkret beteiligten Personen ausgestaltet werden, wirkt sich auf das Beratungsgeschehen, auf das Erleben und Verhalten der Beteiligten und auf den Gruppenprozess jenseits des Beratungsgeschehens aus (Tietze, 2019, S. 450). Es bedarf daher eines hohen Engagements und guter Kooperation zwischen den Mitgliedern einer kollegialen Beratungsgruppe und gegebenenfalls auch weiteren indirekt Beteiligten, zum Beispiel der Personalentwicklungsabteilung und den Führungskräften, insbesondere bei betriebsbezogenen Gruppen (s. dazu Kapitel 2.5.2).

2.5.1 Fallorientierung

Im Mittelpunkt des Beratungsprozesses steht ein konkreter Fall. Die von den Beteiligten eingebrachten Fälle haben in der Regel aktuelle berufsbezogene (oder ehrenamtsbezogene) Themen zum Gegenstand (s. Beispiele in Kapitel 2.2). Der Ratsuchende sollte persönlich an dem Fall beteiligt sein und dessen subjektive Wahrnehmung vorstellen. Wichtig für eine erfolgreiche Bearbeitung ist ebenso eine individuelle Veränderungsmotivation der Ratsuchenden. Die Zeit, die für die Bearbeitung eines Falls als erforderlich angesehen wird, schwankt in der Literatur. Tietze (2013, S. 60) schlägt zum Beispiel 35 bis 45 Minuten vor, Kopp und Vonesch (2003, S. 57) gehen von 90 Minuten aus, Kühl und Schäfer (2020, S. 46) von 55 bis 65 Minuten.

2.5.2 Gruppe als Basis für die Fallbearbeitung

Den sozialen Rahmen für das Beratungsformat bildet eine Gruppe. Als Varianten gibt es auch dyadische bzw. triadische Formen Kollegialer Beratung, so zum Beispiel die »Tandem-Intervision« nach Orthey und Rotering-Steinberg (2001). Diese Settings ermöglichen es, sich bei nicht vorhandener Verfügbarkeit einer Gruppe mittels eines entsprechenden Ablaufmodells auch in der Dyade oder Triade gegenseitig kollegial zu beraten und zu unterstützen. Sie stehen in diesem Buch allerdings nicht im Fokus.

Betriebsinterne oder betriebsübergreifende Zusammensetzung kollegialer Gruppen

Prinzipiell lassen sich zwei Varianten der Zusammensetzung kollegialer Gruppen unterscheiden: Entweder kommen alle Mitglieder einer Gruppe aus einer Organisation oder die Gruppe setzt sich aus Mitgliedern verschiedener Organisationen zusammen. In beiden Fällen sollten die Mitglieder einer Gruppe in der Regel vergleichbare Aufgaben im beruflichen Umfeld wahrnehmen und auf einer vergleichbaren Hierarchiestufe stehen, zum Beispiel Führungsaufgaben auf der mittleren oder der oberen Ebene. Sie sollten möglichst keine direkten Arbeitsbeziehungen miteinander haben und insbesondere zueinander nicht in hierarchischer, bewertender Beziehung stehen. Sollte dies der Fall sein, so könnte die Gefahr bestehen, dass bei einem eingebrachten Fall andere Mitglieder

der Gruppe involviert sind und eine offene und neutrale Bearbeitung des Falls dann nicht sichergestellt ist.

Die Hierarchiefreiheit zwischen den Mitgliedern stellt eine zentrale Voraussetzung dafür dar, dass in der Gruppe offen und angstfrei diskutiert und auch von schwierigen Erlebnissen berichtet werden kann. Ist die Hierarchiefreiheit in Ausnahmefällen nicht gegeben, so muss Verständigung in der Gruppe darüber erzielt werden, dass Hierarchieunterschiede im Rahmen der Kollegialen Beratung keine Rolle spielen dürfen. Fengler, Sauer und Stawicki (2000, S. 180) warnen in Bezug auf die Mitwirkung weisungsbefugter Personen allerdings vor einer »Scheinkollegialität«, weil Vorgesetzte ihre Kontrollfunktion behielten, gleich ob sie es wollen oder nicht. Ebenso muss geklärt sein, dass die Inhalte der Kollegialen Beratung keinen Eingang in betriebliche Bewertungsprozesse finden.

Sollen kollegiale Beratungsgruppen innerhalb einer Organisation initiiert, also *betriebsinterne Gruppen* gegründet werden, so ist die organisationale Verankerung dieser Strategie von großer Bedeutung. Dies beinhaltet zum Beispiel, dass die Initiierung Kollegialer Beratung in einer Organisation nicht nur von der Personalentwicklungsabteilung, sondern auch von der obersten Führungsebene getragen und nachhaltig – auch von weiteren Schlüsselpersonen – unterstützt wird. Ziele, Inhalte und erwarteter Nutzen eines Programms zur Kollegialen Beratung sollten klar kommuniziert werden. Informationstreffen und/oder persönliche Gespräche mit Interessierten können dazu beitragen, Vorbehalte gegenüber Kollegialer Beratung bei den Beschäftigten auszuräumen. Es sollte ein betriebsspezifisches Konzept erarbeitet und für alle transparent gemacht werden. Darin müssen unter anderem die Rahmenbedingungen für die Durchführung geklärt werden. Dies betrifft zum Beispiel

- die Transparenz der Erwartungen, die die Organisation mit dem Gründen kollegialer Gruppen verfolgt,
- die Zusammensetzung der Gruppen und den Auswahlprozess,
- das Basieren der Teilnahme auf dem Freiwilligkeitsprinzip,
- die Bereitstellung personeller, zeitlicher, räumlicher und finanzieller Ressourcen,
- die Klärung der Frage, wie Ergebnisse der kollegialen Gruppen in die Organisation rückgekoppelt werden. Kühl und Schäfer (2020, S. 37) empfehlen in diesem Zusammenhang, persönliche Informationen vertraulich zu behandeln, strukturelle Erfahrungen aber nach außen zu kommunizieren.

Gegebenenfalls empfiehlt es sich mit einem Pilotprojekt zu beginnen, um Erfahrungen zu sammeln und bestenfalls positive Ergebnisse als Motivation für die Etablierung weiterer Gruppen vorweisen zu können.

Als Vorteil betriebsinterner kollegialer Beratungsgruppen kann hervorgehoben werden, dass der Lerneffekt im Hinblick auf organisationale Prozesse und Strukturen höher sein kann. So können Problemlösestrategien erarbeitet werden, die im besten Fall relativ einfach und schnell in die betrieblichen Abläufe bzw. Strukturen integriert werden können. Zugleich kann eine spezifische (kollektive) Lernkultur initiiert oder gestärkt werden. Als Nachteil kann angeführt werden, dass es schwerer sein könnte, eine Vertrauenskultur in der Gruppe aufzubauen, die es ermöglicht, offen problematische Situationen zu thematisieren.

Kollegiale Gruppen können sich auch aus Personen aus unterschiedlichen Organisationen zusammensetzen, die in vergleichbaren Funktionen oder Aufgabenbereichen tätig sind. Es handelt sich dann um *betriebsübergreifende Gruppen*. Häufig bilden sich solche Gruppen schon während einer Aus- oder Fortbildung oder im Anschluss daran, um das Gelernte in der Praxis umsetzen und die Erfahrungen damit reflektieren zu können. Ebenso stellen berufsbezogene Netzwerke einen guten Kontext für die Initiierung kollegialer Gruppen dar. Schließlich können einzelne Personen initiativ werden und nach Mitstreiterinnen Ausschau halten.

Größe und Zusammensetzung der Gruppe

Wichtig für eine erfolgreiche Arbeit in kollegialen Gruppen ist eine optimale *Gruppengröße*. Hierzu gibt es in der Literatur unterschiedliche Vorschläge: Lippmann (2013, S. 49) geht von fünf bis acht Personen aus, Tietze (2018, S. 217) betrachtet fünf bis sieben Personen als Untergrenze und neun bis zehn als Obergrenze, Kopp und Vonesch (2003) schlagen fünf bis 15 Mitglieder vor, Schlee (2019) hält vier Mitglieder für ideal. Die Erfahrungen der Verfasser dieses Buchs legen es nahe, dass die Gruppe nicht weniger als fünf und nicht mehr als acht Personen umfassen sollte. Eine solche Gruppengröße macht es wahrscheinlich, dass ein großes Spektrum von Erfahrungen und Kompetenzen in die Gruppe eingebracht werden kann. Die minimale Gruppengröße ist wichtig, um die unterschiedlichen Rollen für die Fallbearbeitung besetzen zu können (s. dazu den nächsten Abschnitt). Ist die Gruppe zu groß, so sinkt die Gruppenkohäsion, was eine vertrauensvolle Zusammenarbeit beeinträchtigen kann (Tietze, 2019, S. 444). Außerdem sinkt die Chance für die Beteiligten, zeitnah eigene Fälle einzubringen. Es können sich zudem organisatorische Probleme ergeben wie Schwierigkeiten einer gemeinsamen Terminfindung.

Weitere Gesichtspunkte wie *Geschlecht, Alter* oder *Berufserfahrung* können bei der Gruppenzusammensetzung bedacht werden (Tietze, 2010, S. 218). Manche Personen bevorzugen die Arbeit in homogenen Gruppen, andere hingegen in heterogenen. Allerdings kann es schwierig sein, dies schon bei der Planung zu eruieren. In Bezug auf die Berufserfahrungen kann eine Mischung aus berufserfahrenen und weniger erfahrenen Personen produktiv sein, um möglichst unterschiedliche Perspektiven und Erfahrungen einbeziehen zu können und vielfältige Lernerfahrungen zu ermöglichen.

Rahmenbedingungen: Freiwilligkeit und Verbindlichkeit
Zu wichtigen Rahmenbedingungen zählen die *Freiwilligkeit* der Teilnahme, aber auch eine *Verbindlichkeit* im Hinblick auf die regelmäßige Anwesenheit. Nur wer freiwillig an Kollegialer Beratung teilnimmt, wird sich für das Gelingen dieses Prozesses einsetzen und auch die Bereitschaft mitbringen, eigenes Handeln kritisch zu reflektieren und andere bei der Problemlösung aktiv und konstruktiv zu unterstützen. Dies kann bei einer expliziten oder impliziten Aufforderung zur Teilnahmeverpflichtung nicht gewährleistet werden. Fehlen bestimmte Teilnehmende öfter, werden Termine häufig verschoben oder abgesagt, so sollten die Gründe dafür geklärt und gegebenenfalls eine externe professionelle Unterstützung hinzugezogen werden. Eine gewisse Stabilität der Gruppe ist von Bedeutung, um Vertrauen aufzubauen und so den Zusammenhalt der Gruppe zu gewährleisten. Die Gruppe sollte sich in regelmäßigen Abständen treffen, über die sie jeweils nach gegebenen Rahmenbedingungen entscheidet. Die Termineinhaltung verbessert die Verbindlichkeit und damit auch ein Klima des Sich-Gegenseitig-Ernst-Nehmens (Lippmann 2013, S. 49). Je nach gegebenen Rahmenbedingungen (z. B. Höhe des Reiseaufwands) sind Sitzungseinheiten von einem halben Tag bis zu zwei Tagen sinnvoll. In diesen Zeithorizonten werden dann verschiedene Fälle bearbeitet. Die Arbeit der Gruppe sollte längerfristig angelegt sein, zumal Forschungsbefunde (Tietze 2010) darauf hindeuten, dass sich Erfolge stärker im Laufe der Zeit einstellen. Gleichzeitig sind explizite Zwischenbilanzen hilfreich, die die Teilnehmenden nutzen können, um das eigene Engagement zu erneuern oder enden lassen zu können.

Arbeitsatmosphäre: Vertrauen und Vertraulichkeit
Für eine produktive Arbeit in der kollegialen Gruppe ist es wichtig, dass die Mitglieder bereit sind, auf der einen Seite ihre Erfahrungen und ihre berufliche Praxis vor anderen kritisch zu reflektieren und auf der anderen Seite Ratsuchende bei deren Problembearbeitung konstruktiv zu unterstützen. Zu den dafür wichtigen Faktoren zählen das Engagement am Prozess mit Respekt für die anderen Mitglieder und deren Werte, die Offenheit, von anderen zu lernen, ein souveräner und wertschätzender Kommunikationsstil sowie die Bereitschaft zur Selbstreflexion, welche auch die Revisionsbereitschaft eigener Sichtweisen und Annahmen beinhaltet (Tietze, 2019, S. 444). Um schwierige Themen aus

der Berufswelt erfolgreich bearbeiten zu können, ist eine Atmosphäre des Vertrauens, des gegenseitigen Respekts, des Wohlwollens und der Fehlerkultur erforderlich (Tietze, 2019, S. 448). Daher ist eine individuelle Motivation zur Mitarbeit wichtig.

Ziel ist es, eine vertrauensgeprägte, offene Beratungskultur zu entwickeln. Das so skizzierte Gesamtbild einer idealen Kollegialität sollte Tietze (2019, S. 449) zufolge jedoch auch nicht verklärt werden. Es bedarf auch stets eines kritischen Blicks auf den Fall, was die Einstellungen und Handlungen der ratsuchenden Person einschließt. Es kann die Gefahr entstehen, dass die Mitglieder der kollegialen Gruppe dazu tendieren, der ratsuchenden Person gegenüber wenig herausfordernd zu sein und dafür einen Überschuss an Unterstützung anbieten.

2.5.3 Rollen

Die Arbeit einer kollegialen Beratungsgruppe wird durch verschiedene, regelmäßig wechselnde Rollen strukturiert. Dies stellt ein entscheidendes Merkmal zur Abgrenzung gegenüber professioneller Beratung dar. Werden im Rahmen eines Treffens mehrere Fälle bearbeitet, so wechseln die Rollen auch innerhalb dieser Sitzung. Als elementare Rollen werden in den verschiedenen Ansätzen der Kollegialen Beratung weitgehend übereinstimmend die des Ratsuchenden (auch als Falleinbringer oder Fallgeberin bezeichnet), die der Moderatorin und die mehrfach besetzte Rolle der Beratenden angeführt. Darüber hinaus werden in der Literatur die (optionalen) Rollen des Zeitwächters, der Protokollantin und des Prozessbeobachters und eventuell die einer Organisatorin als hilfreich für eine erfolgreiche Gestaltung des Beratungsprozesses angesehen. Eine genauere Beschreibung der Rollen für das hier zugrunde gelegte Konzept erfolgt in Kapitel 4.1. Durch die reziproke Rollenübernahme verteilen die Gruppenmitglieder Rollenmacht, Unterstützung und Risiken wie Verletzbarkeit und schaffen ein kollegiales, nicht hierarchisches und konstruktives Lernsetting (Tietze, 2019, S. 447).

2.5.4 Ablaufstruktur

Das Fehlen eines professionellen Beraters wird in der Kollegialen Beratung – so die übereinstimmende Position in der Literatur – dadurch kompensiert, dass der Beratungsprozess einer festen Ablaufstruktur folgt. Diese soll Sicherheit für den Prozess geben (s. dazu auch Kapitel 3.2). Die Ablaufstruktur orientiert sich im Kern in der Regel grob an einem Problemlösezyklus, das heißt, es geht um das Einbringen und Analysieren eines Falls, um Rückmeldungen und Anregungen der Beratenden und die gemeinsame Suche nach einer Lösung. Hinzu kommen eine Start- und eine Auswertungsphase. Die Bezeichnung und die Ausdifferenzierung der einzelnen Schritte variieren. Insbesondere erstere kann davon abhängen, ob dem Vorgehen ein theoretisches Modell zugrunde liegt. Die Ablaufstruktur beinhaltet in der Regel auch die Festlegung der Zeitdauer pro besprochenem Fall und auch zeitliche Vorgaben für die einzelnen Phasen. In Kapitel 4 wird eine eigene Ablaufstruktur für einen kollegialen Beratungsprozess auf der Grundlage des in Kapitel 3 vorgestellten theoretischen Konzepts vorgelegt.

2.6 Start kollegialer Gruppen

Bevor eine kollegiale Beratungsgruppe selbstorganisiert arbeitet, ist eine Einführung von ein bis zwei Tagen in dieses Beratungsformat unter professioneller Leitung dringend zu empfehlen. Dies zeigen unter anderem die Ergebnisse der Evaluationsstudien von Kühl und Krczizek (2009), Tietze (2010), Linderkamp (2011) und Nowoczin (2012). Zu den Inhalten eines solchen Einführungsseminars sollten im Kern alle Punkte gehören, die in diesem Kapitel erörtert wurden. Dazu zählen Ziele und Nutzen sowie Anforderungen und Grenzen Kollegialer Beratung und die Kernelemente des Settings. Weiterhin sollte das jeweils zugrunde gelegte Konzept detailliert erläutert und diskutiert werden (s. Kapitel 3). Ebenso ist es zentral, die aus dem Konzept abgeleitete konkrete Ablaufstruktur zu diskutieren (s. Kapitel 4). Schließlich ist es hilfreich, in einem solchen Einführungssetting ein bis zwei Beratungsfälle praktisch durchzuführen, um sich mit dem Ablaufprozess vertraut zu machen, Erfahrungen auszutauschen und diese zu reflektieren. Ebenso kann es hilfreich sein – je nach den Kompetenzen der Mitglieder einer kollegialen Beratungsgruppe insbesondere im Hinblick auf Gesprächsführungs- bzw. basale Beratungskompetenzen –, Fragetypen, Gesprächsimpulse und Hypothesenbildung zu üben.

Auch ist es empfehlenswert, einen kürzeren Workshop mit Begleitung einer externen professionellen Beraterin nach einer gewissen Zeit der gemeinsamen Arbeit durchzuführen. Dort können in der Zwischenzeit aufgekomme Fragen oder entstandene Unsicherheiten besprochen werden. Auch kann ein solcher Workshop genutzt werden, um gruppendynamische Aspekte zu reflektieren. Schließlich können spezifische anspruchsvollere Methoden für die Fallbearbeitung erprobt werden.

3 Das Heidelberger integrative Prozessmodell als konzeptionelle Grundlage für Kollegiale Beratung

Im ersten Teil dieses Kapitels wird die theoretische Grundlage für das in Kapitel 4 ausdifferenzierte Konzept Kollegialer Beratung vorgestellt. Es orientiert sich an den jüngeren System- bzw. Komplexitätswissenschaften und weist der systematischen Reflexion einen zentralen Stellenwert zu. Der zweite Teil des Kapitels stellt auf dieser Basis Wirkprinzipien für die Gestaltung Kollegialer Beratung vor.

3.1 Theoretische Bezugspunkte

3.1.1 System- bzw. Komplexitätstheorien als Antwort auf gesellschaftliche Herausforderungen

Die Arbeitswelt ist gegenwärtig durch Entwicklungen in den Bereichen Globalisierung, Digitalisierung, Klimakrise oder gesellschaftlicher Wertewandel geprägt. Diese lassen die Welt als zunehmend volatil, unsicher, komplex und ambig erscheinen. In diesem Kontext kommt der Beratung die Aufgabe als Unterstützungsangebot für den Umgang mit Komplexität zu (Schiersmann u. Thiel, 2012, S. 14). Zudem ist der Beratungsprozess selbst ein komplexer Prozess. Dies gilt auch für Kollegiale Beratung. Es geht jeweils um individuelle Fälle mit unterschiedlichen Kontexten, die nicht mit standardisierten Strategien bearbeitet werden können. Vielmehr muss Beratung situationsspezifisch auf die jeweilige Komplexität im Einzelfall eingehen. Diese Anforderungen treffen jedoch vielfach auf Akteure in Organisationen und in der Beratung mit mechanistischen und reduktionistischen Wissens- und Lerngeschichten. Daraus können Beratungs-, Führungs- oder Organisationspraktiken entstehen, die den komplexen Anforderungen der Umwelt und des Beratungsprozesses nicht oder nur unzureichend gerecht werden.

Eine seit der zweiten Hälfte des 20. Jahrhunderts wachsende Zahl von Systemtheorien mit unterschiedlicher Verortung in den Wissenschaftsdisziplinen versucht das Phänomen der Komplexität zu erfassen und daraus Entwürfe für einen angemessenen Umgang damit abzuleiten (Näheres dazu bei Schiersmann, 2021, S. 75–82). Schiepek, Eckert und Kravanja (2013, S. 9–14) sind vor diesem Hintergrund der Auffassung, dass sich keine Merkmale identifizieren lassen, die als gemeinsame Alleinstellungsmerkmale der verschiedenen systemischen Ansätze angesehen werden können. In zahlreichen Publikationen lässt sich nicht genau herausfinden, welches systemische Konzept jeweils zugrunde gelegt wird. Dieses Buch orientiert sich an Theorien Nichtlinearer Dynamischer Systeme (Strunk, 2020; Strunk und Schiepeck, 2013). Sie fokussieren die Synergetik, ziehen die Theorie komplexen Problemlösens hinzu und weisen Reflexionsprozessen einen zentralen Stellenwert zu. Vor diesem theoretischen Hintergrund lässt sich das Verhalten komplexer Systeme als spontan, emergent und selbstähnlich auffassen. *Spontanes Verhalten* ist nicht prognostizierbar und entzieht sich jeglicher Planbarkeit. *Emergentes Verhalten* entwickelt sich aus den Wechselwirkungen der Systemelemente und lässt sich nicht auf einzelne Merkmale oder Interaktionen der Systemelemente kausal zurückführen. Damit lässt sich ein solches Verhalten nicht im reduktionistischen Sinne analysieren, wenn Analyse als das Zerlegen (Reduzieren) des Systems in einzelne Komponenten gefasst wird und deren Isolierung das Verstehen des ganzen Systems ermöglichen soll. Komplexe Systeme bilden *selbstähnliche Verhaltens- und Verlaufsmuster* aus. Dies unterscheidet sie von zufälligen Systemdynamiken, die auch nicht prognostizierbar und nicht analysierbar sind. Komplexe Systemmuster tragen jedoch eine innere Ordnung und Ästhetik in sich. Diese können visuell, wie die Flugbahnen vorbeiziehender Vogelschwärme, oder akustisch, wie der harmonische Klang eines Symphonieorchesters, leicht erkennbar sein, oder sie können erst aufgrund mathematischer Analysen und Verfahren der Mustervisualisierung, wie bei medizinischen Vitaldaten wie der Herzratenvarietät oder ökonomischen Daten wie Aktienkurse, expliziert werden.

Ein komplexitätsorientiertes Konzept Kollegialer Beratung identifiziert in den formulierten Anliegen der Beratung sowohl die agierenden bio-psycho-sozialen Systeme, seien es die Ratsuchenden selbst, beteiligte Personen, Teams oder Organisationen, sowie ungünstige kognitive, emotionale oder verhaltensbezogene Muster (KEV-Muster) dieser Systeme. Kollegiale Beratung kann unter Zuhilfenahme der Erkenntnisse komplexitätsorientierter Systemtheorien (s. 3.1.2) *system-dynamische Unterstützungsimpulse* setzen, um neue günstigere Muster zu identifizieren und mögliche Lösungswege bzw. Gelingensbedingungen zu beleuchten. Erkenntnisse aus der Forschungstradition der Problemlösepsychologie (s. 3.1.3) können für *system-logische Unterstützungsimpulse* in der Fallbearbeitung sorgen, geht es doch um »Stationen der Handlungsorganisation« (Dörner, 2014, S. 67), die es zu bearbeiten gilt. In deren Vollzug entsteht ein prozessualer Weg der Kollegialen Beratung, der für die an der Beratung Beteiligten Orientierung und Transparenz bietet.

3.1.2 Theorie der Selbstorganisation (Synergetik)

Als Theorie der Selbstorganisation aus dem Feld der Theorien Nichtlinearer Dynamischer Systeme wird insbesondere die *Synergetik* herangezogen, da sie mit ihrer Terminologie die Phänomene komplexer Systeme differenziert erfasst. Diese auf den Physiker Hermann Haken (1984) zurückgehende Theorie fokussiert den *Prozess* von Veränderungen, im Verständnis dieser Theorie als Prozess der Selbstorganisation, die von außen nicht direkt gesteuert, aber unter anderem durch Beratungsprozesse unterstützt werden kann (Haken u. Schiepek, 2010). Diese Theorie unterscheidet sich damit substanziell von soziologischen Systemtheorien oder älteren kybernetischen oder kommunikationstheoretischen Konzepten (Mainzer, 2008, S. 13). Die Synergetik erklärt die Entstehung sowie die Veränderung von Mustern, zum Beispiel Übergänge von Unordnung zu Ordnung oder von einer alten zu einer neuen Ordnung. Die Erkenntnisse wurden – ausgehend von der Physik (z. B. Laserlicht) – auf viele andere Bereiche übertragen: Im Bereich der (Neuro-)Biologie finden sie ebenso Beachtung wie bei der Erforschung sozialer Systeme (Haken u. Schiepek, 2010; Kriz, 2017; Schiersmann u. Thiel, 2018).

In einem sich selbst organisierenden System geht es um das wechselseitige Zusammenwirken vieler Elemente und Prozesse (s. Abb. 1). Es wird zwischen einer mikroskopischen und einer makroskopischen Ebene unterschieden. Auf der mikroskopischen Ebene besteht das System aus sehr vielen *Elementen,* zum Beispiel den psychischen Dimensionen einer Person oder den Beziehungen zwischen Mitgliedern einer Organisation. Bei hinreichender intrasystemischer Vernetzung zwischen den Elementen können sich auf der makroskopischen Ebene *Muster* herausbilden. Dieses Herausbilden wird als *Emergenz* beschrieben. Sie meint das Entstehen eines Phänomens, zum Beispiel einer bestimmten Führungskultur oder einer speziellen Form der Entscheidungsfindung, ohne dass sich einzelne konkrete Ursachen bestimmen lassen. Dieses Muster bindet wiederum die Einzelelemente ein, wodurch sich deren Freiheitsgrade drastisch reduzieren. Die Synergetik nennt diese Kraft der Reduzierung *Versklavung.* So fällt es zum Beispiel einzelnen Mitarbeitenden schwer, von einer etablierten Führungskultur abzuweichen. Die kreiskausale Wechselwirkung von Emergenz und Versklavung wirkt zwischen der Mikro- und der Makroebene des Systems und sorgt in gleicher Weise für das Entstehen *(bottom-up)* wie auch das Aufrechterhalten *(top-down)* komplexer Systemmuster (Haken u. Schiepek, 2010, S. 134).

Theoretische Bezugspunkte

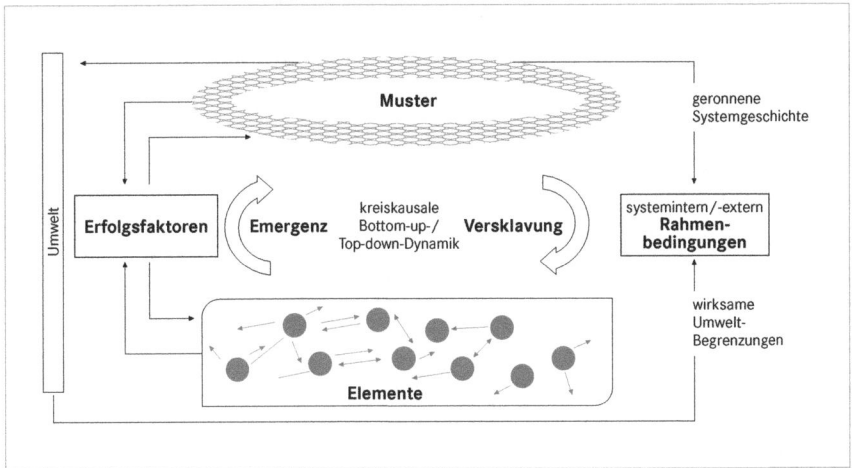

Abbildung 1: Grundmodell der Synergetik (in Anlehnung an Haken u. Schiepek, 2010, S. 246)

Zur Selbstorganisation fähige Systeme besitzen die Fähigkeiten, aktiviert und energetisiert zu werden. Einflussgrößen, die die inneren Wechselwirkungen der Elemente des Systems aktivieren und modulieren, werden als Kontrollparameter bezeichnet. Diese halten bestehende Muster aufrecht oder fördern deren Destabilisierung. Sobald die dadurch ausgelösten Fluktuationen kritische Werte annehmen, kann sich das Systemverhalten schlagartig ändern und es entstehen neue Muster (Haken u. Schiepek, 2010, S. 80). In physikalischen Systemen stellt zum Beispiel die Veränderung der Energiezufuhr wie Licht oder Wärme einen Kontrollparameter dar. So führt die Wärme auf dem Herd dazu, dass das Wasser zu kochen beginnt, das heißt, einen neuen Zustand erreicht. Für soziale Systeme kann nicht von einem physikalischen Veränderungsprozess ausgegangen werden, der Energie auslöst. Daher ist der Transfer dieses Begriffs aus einem naturwissenschaftlichen in einen sozialen Kontext nicht ganz einfach. Bei sozialen Systemen stellen zum Beispiel die Motivation zur Veränderung oder vorhandene Ressourcen wichtige Kontrollparameter dar. Diese werden im Folgenden mit dem alltagssprachlich vertrauteren Begriff *Erfolgsfaktoren* gefasst.

Bei der Analyse der Einflussfaktoren und deren Wechselwirkungen auf die Problemsituation sind auch die systeminternen und -externen *Rahmenbedingungen* zu berücksichtigen. Bei den internen Rahmenbedingungen geht es um die Lerngeschichte des Systems *(geronnene Systemgeschichte)*, hier des Individuums, des Teams oder der Organisation mit ihren *Mustern*. Bei den externen Rahmenbedingungen spielt die Berücksichtigung relevanter *Umwelten* (z. B. Familie, Freunde, Kundinnen, Märkte, Gesetze) in Form *wirksamer Umwelt-*

bedingungen (Beschränkungen) eine Rolle. Interne und externe Rahmenbedingungen können Veränderungsprozesse fördern oder behindern und sie können sowohl einen Einflussfaktor für die Entstehung der aktuellen Situation als auch eine Ressource für Veränderungsstrategien darstellen.

Haken und Schiepek (2010) haben aus der Synergetik, der Gehirnforschung, der Chaostheorie und den Befunden der Psychotherapieforschung sogenannte generische Prinzipien (generisch = erzeugend) für die Förderung sich selbst organisierender Entwicklungen abgeleitet. Dabei handelt es sich um die Folgenden (Haken u. Schiepek, 2010, S. 438–440):

1. Schaffen von Stabilitätsbedingungen,
2. Identifikation von Mustern des relevanten Systems,
3. Sinnbezug,
4. Kontrollparameter identifizieren/Energetisierung ermöglichen,
5. Destabilisierung/Fluktuationsverstärkungen realisieren,
6. »Kairos« beachten/Resonanz/Synchronisation,
7. gezielte Symmetriebrechung ermöglichen,
8. Re-Stabilisierung.

Diese generischen Prinzipien bieten eine allgemeine Orientierung für *jede* Intervention bzw. jede Gestaltung von Ordnungswandel – sei es Beratung, Therapie, Organisationsentwicklung oder Lernen allgemein (Haken u. Schiepek, 2010, S. 628). Sie können als – eher sozialbezogene – Wirkprinzipien für eine erfolgreiche Beratung angesehen werden (Näheres dazu in Kapitel 3.2). Tabelle 1 erläutert diese generischen Prinzipien.

Tabelle 1: Die generischen Prinzipien (nach Haken u. Schiepek, 2010, S. 438–440; eigene Zusammenfassung)

1. Schaffen von Stabilitätsbedingungen	Da Ordnungsübergänge mit kritischer Instabilität verbunden sind, ist es wichtig, stabile Rahmenbedingungen für Veränderungsprozesse zu schaffen und so für strukturelle und emotionale Sicherheit zu sorgen (z. B. durch Transparenz des Vorgehens, Selbstwertunterstützung, vertrauensvolle Beziehungen).
2. Identifizierung von Mustern des relevanten Systems	Es muss festgelegt werden, auf welches System sich die zu fördernden Selbstorganisationsprozesse beziehen sollen. Es können unterschiedliche Methoden herangezogen werden, um die Muster von Kognition, Emotion und Verhalten zu identifizieren.
3. Sinnbezug	Veränderungsprozesse müssen von den Mitgliedern des jeweiligen Systems (Personen, Teams oder Organisationen) als sinnvoll erlebt werden und mit deren Lebenskonzepten korrespondieren, damit diese sich darauf einlassen können.

4. Kontrollparameter identifizieren/ Energetisierung ermöglichen	Selbstorganisation setzt eine energetische Aktivierung des jeweiligen Systems voraus. Es geht um die Herstellung motivationsfördernder Bedingungen, um die Aktivierung von Ressourcen, um die Herausarbeitung der emotionalen und motivationalen Bedeutung von Zielen und Anliegen.
5. Destabilisierung/ Fluktuationsverstärkung realisieren	Beratung (oder Therapie) zielt darauf ab, den Beteiligten neue Perspektiven und Erfahrungsmöglichkeiten zu eröffnen. Bestehende Muster der Kognition, der Emotion und des Verhaltens (K-E-V-Muster) werden destabilisiert (z. B. durch die Frage nach Ausnahmen, Rollenspiele, Herausarbeiten alternativer Lösungswege und Planung der Umsetzung).
6. Kairos beachten/ Resonanz/ Synchronisation	Im Beratungs- bzw. Therapieprozess angewandte Methoden und Verfahren sollen zur Aufnahmebereitschaft, zum aktuellen kognitiv-emotionalen Zustand *(state of mind)* und zur emotionalen Verarbeitungstiefe der Klienten passen. Interventionen, die damit nicht kongruent sind, haben nur eine geringe Chance, von den Ratsuchenden verstanden und aufgegriffen zu werden, weil das System dafür keine Antennen hat.
7. Gezielte Symmetriebrechung ermöglichen	Wenn in einem System, das sich im Zustand kritischer Instabilität befindet, zwei oder mehrere Attraktoren mit gleicher oder ähnlicher Wahrscheinlichkeit realisiert werden können (Symmetrie), ist die Vorhersagbarkeit der weiteren Entwicklung gering. Die Aufgabe von Beratenden oder Therapeuten besteht darin, sinnvolle Hilfestellungen zur Symmetriebrechung zu geben, um einige Strukturelemente eines neuen Ordnungszustandes mit den dazugehörigen Emotionen umzusetzen.
8. Re-Stabilisierung	Im Zuge eines Beratungs- bzw. Therapieprozesses positiv bewertete Kognitions-, Emotions-, oder Verhaltensmuster gilt es zu verstärken und zu stabilisieren (z. B. durch Wiederholung, Variation, Transfer). Es geht darum, das neue Muster in das bestehende Selbstkonzept zu integrieren und mit bestehenden emotionalen Selbst-Schemata zu vernetzen, um so für Nachhaltigkeit zu sorgen.

3.1.3 Theorie des komplexen Problemlösens

Bei dem Konzept des komplexen Problemlösens handelt es sich um ein systemisch konzipiertes und der Komplexität Rechnung tragendes Phasenmodell (Dörner, Schaub u. Strohschneider, 1999; Funke, Fischer u. Holt, 2018). Das Konzept wird ergänzend zur Synergetik im Sinne der system-logischen Betrachtung herangezogen. In Anlehnung an dieses Konzept lassen sich folgende Phasen unterscheiden (s. Abb. 2, ausführlicher dazu: Schiersmann u. Thiel, 2018, S. 47–55):
– Problemerkundung und eine mehr oder weniger intensive Analyse der Ist-Situation (Ausgangslage),

- Zielklärung und -konkretisierung (Zielklärung),
- Suche nach alternativen Lösungswegen und Maßnahmen zur Zielerreichung und die Planung der Schritte der Umsetzung (Veränderungsschritte),
- Umsetzung und Kontrolle der Durchführung (Umsetzung),
- Evaluation und Transfer (Auswertung und Transfer).

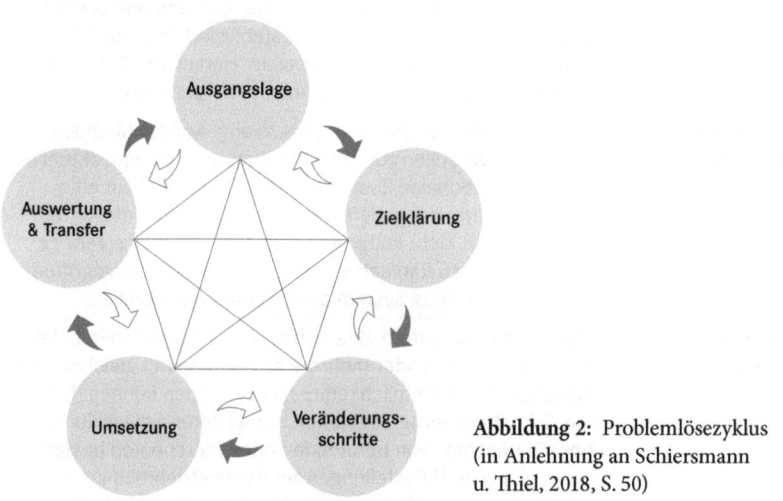

Abbildung 2: Problemlösezyklus (in Anlehnung an Schiersmann u. Thiel, 2018, S. 50)

Das Phasenmodell ist jedoch nicht als starr aufzufassen. Es handelt sich konzeptionell weder um eine *normativ* vorgegebene noch um eine unbedingt konsequent *sequenziell* zu durchlaufende Abfolge. So kann statt mit einer ausführlichen Diagnose der Ist-Situation auch mit der Zielklärung begonnen werden oder mit einer Sammlung konkreter Lösungsideen in Form eines Brainstormings. Häufig ist ein »vielfältiges Hin- und Herspringen zwischen diesen verschiedenen Stationen« erforderlich (Dörner, 2014, S. 73). Das mehrfache Durchlaufen dieser Schritte ist als iterativer Prozess zu betrachten. Die Planung in allen Phasen ist – aufgrund der Rückkopplungen zwischen den Phasen und der unwägbaren Zukunft – folglich als vorläufig zu bezeichnen: Deshalb sind die Phasen in Abbildung 2 durch ein Netz verknüpft, das die zirkulären Rückkopplungsschleifen zwischen potenziell allen Phasen darstellt. Die Phasen lassen sich folglich als eine logische Gliederung von eher aufgabenbezogenen Anforderungen an das Verstehen und Verändern einer komplexen Problemsituation charakterisieren (Simon, 2003, S. 52). Allerdings – wie bereits in Kapitel 2 erläutert – ist es für die Gestaltung Kollegialer Beratung hilfreich, sich zumindest zu Beginn der gemeinsamen Arbeit an eine reglementierte Ablaufstruktur zu halten, um die Beteiligten nicht zu überfordern. Ist die Gruppe erfahren und verfügt sie über gute Gesprächsführungs- und Beratungskompetenzen, so kann sie auch den Ablauf im bereits beschriebenen Sinn variieren.

3.1.4 Reflexion als zentraler Bestandteil des Umgangs mit Komplexität

Die Komplexität und die damit verbundene Unsicherheit bei Veränderungsprozessen oder auch im Alltagserleben können nicht vermieden werden. Systematische Reflexionsprozesse können allerdings – so die These – dazu beitragen, den Umgang damit zu erleichtern und Lernprozesse zu unterstützen.

Die Arbeitswelt ist durch zunehmende Schnelligkeit geprägt. Dennoch erscheint es unverzichtbar, sich Zeit für systematisch eingebaute Phasen des Innehaltens zu nehmen. Kahneman (2015, S. 106) hat mit seiner Unterscheidung zwischen zwei Denksystemen zumindest implizit die Bedeutung von Reflexion thematisiert. So differenziert er zwischen dem (eher intuitiven) »System Eins«, das für schnelles, regelhaftes Denken zuständig und wichtig für die Bewältigung des Alltags ist, und dem eher rationalen »System Zwei«, das auch miteinander unvereinbare Interpretationen bedenkt. Er kritisiert eine ausschließliche Orientierung am schnellen Denken und Handeln und plädiert für den bewussten Einsatz des langsamen Denkens. Letzteres trägt unter anderem dazu bei, verschiedene Aspekte miteinander in Beziehung zu setzen, eigene Fallstricke zumindest teilweise zu erkennen, Momente der Ungewissheit und des Zweifels in Rechnung zu stellen und so zu treffenderen Denkergebnissen zu kommen. Diese Beschreibung trifft den Kern der Reflexion. Schon zu Beginn des 20. Jahrhunderts thematisierte der US-amerikanische Philosoph und Pädagoge Dewey (2002, engl. Original 1910) das reflexive Denken. Er betrachtete dies als eine Methode, um sorgfältig prüfendes Denken zu fördern. Eine reflexive Auseinandersetzung mit problematischen Erfahrungen stellt für ihn die Voraussetzung für erfolgreiches Lernen dar. Wenngleich dieser Begriff später in verschiedene theoretische Ansätze Eingang fand und gegenwärtig häufig benutzt wird, erscheint ein auf Reflexion bezogenes Konzept für den Umgang mit Komplexität konzeptionell wenig ausdifferenziert. Nur sehr wenige einschlägige Veröffentlichungen fassen diesen Begriff systematisch, Definitionen und Methodeneinsatz fallen sehr unterschiedlich aus (Näheres dazu bei Schiersmann u. Thiel, 2019). Im Folgenden wird vorgeschlagen, zwischen neuen Informationen oder Perspektiven und deren Bewertung zu unterscheiden. In einem ersten Schritt muss herausgearbeitet werden, was zu einem konkreten Zeitpunkt im Rahmen des Veränderungsprozesses im Vergleich zum bisherigen Denken, Fühlen und Handeln aus der subjektiven Sicht der Ratsuchenden als neu wahrgenommen wird. Das ist im Prozess der Kollegialen Beratung zum Beispiel an der Stelle der Fall, an der die Ratsuchende sich mit Hypothesen und Ideen der Beratenden auseinandersetzt. Das Benennen neuer Informationen, das Hinterfragen von Generalisierungen, zirkuläre Fragen bzw. die Einnahme anderer Wahrnehmungspositionen und Zeitperspektiven können dafür hilfreich sein (s. Näheres dazu in Kapitel 6.1.2). In einem zweiten Schritt – und das ist für diese Definition von Reflexion essenziell – steht die begründete Bewertung des Neuen im Mittelpunkt: Wird das als neu bzw. anders wahrgenommene als bedeutsam, wichtig und nützlich für das System eingeschätzt? Warum ist dies gegebenenfalls so? Dadurch, dass eine Bewertung des Neuen auch explizit begründet und damit erst wirklich verstanden wird, kann es Teil des neuen Denkens und Handelns, des (Selbst-)Bewusstseins bzw. der Identität von Personen, Teams oder Organisationen werden.

Die Feststellung sowie die Bewertung des Neuen sollte zunächst induktiv im Sinne selbstreferenzieller Begründungen erfolgen, das heißt als bedeutsam erlebte neue Wahrnehmungen werden mit den bisherigen Erfahrungen und dem Selbstkonzept abgeglichen. Zusätzlich können theoriebezogene Kriterien für die Reflexion herangezogen werden. Hierfür eignet sich zum Beispiel das von Argyris und Schön (2006) für das Lernen von Organisationen entwickelte und von anderen (z.B. Willke, 2014) übernommene bzw. variierte Konzept von drei zu unterscheidenden Lernniveaus. Das erste Niveau wird von Argyris und Schön (2006) als *Single-loop-learning* (Einschleifen-Lernen) und von Willke (2014) als lineares Lernen bezeichnet. Es handelt sich um die Reflexion von konkretem Verhalten bzw. Handlungen im Rahmen vorhandener Ziele und Wertesysteme. So können Führungskräfte zum Beispiel auf eine erhöhte Personalfluktuation reagieren, indem sie das Gehalt erhöhen oder Leistungsanreize verstärken. Auf einer zweiten Ebene sind Lernprozesse anzusiedeln, die eine Veränderung der Zielsetzungen beziehungsweise der Normen implizieren. Argyris und Schön (2006) kennzeichnen Lernprozesse, die zu einer Veränderung der Bezugsdimension führen, als *Double-loop-learning* (Doppelschleifen-Lernen), Willke (2014) spricht von reflektiertem Lernen. Dies bezieht Vorannahmen, Denkgewohnheiten, Werthaltungen in den Reflexionsprozess ein. Das Überdenken dieser Einstellungen kann dann in einem zweiten Schritt auch Rückwirkungen auf das Verhalten haben: Wenn zum Beispiel das vorhandene Führungskonzept infrage gestellt wird, kann es Zweifel daran geben, dass Gehaltserhöhungen oder Leistungsanreize ein probates Mittel zur Erreichung der angestrebten Ziele sind. Eine zweite Variante des *Double-loop-learning* bezieht sich bei Agyris und Schön

(2006) auf eine Metaebene und thematisiert den Lernprozess selbst im Sinne eines Lernens zweiter Ordnung. Diese dritte Stufe bezeichnet Willke (2014) als reflexives Lernen, das seiner Auffassung nach dann stattfindet, wenn ein System Regeln über die gezielte Veränderung von Wissen zum Bestandteil einer Strategie zur Veränderung der eigenen Identität gemacht hat.

3.2 Prinzipien der Gestaltung Kollegialer Beratung auf der Basis des Heidelberger integrativen Prozessmodells

Die beiden skizzierten Theorien, die den Umgang mit Komplexität fokussieren – die Synergetik und die Theorie des komplexen Problemlösens – werden im Rahmen des Heidelberger integrativen Prozessmodells miteinander verknüpft, weil sie je unterschiedliche Aspekte betonen. Die Synergetik erfasst in besonders überzeugender Weise die Dynamik und damit Unvorhersehbarkeit von Veränderungsprozessen. Die systemisch orientierte Theorie des komplexen Problemlösens hilft – trotz aller Ungewissheit bezüglich Veränderungsprozessen in komplexen Systemen –, ein Mindestmaß an Orientierung für den zu gestaltenden Prozess zu gewinnen. Neben diesen Wirkprinzipien als zentralem Gestaltungselement von Kollegialer Beratung stellen die Gestaltungselemente der Reflexion und der Prozesserfassung weitere wichtige Eckpunkte des Heidelberger integrativen Prozessmodells dar. Die Betonung der Bedeutung von systematischer Reflexion charakterisiert dieses Konzept als kontinuierlichen Lernprozess im Umgang mit Komplexität, der sich auch über die Bearbeitung der einzelnen Beratungsfälle positiv im jeweiligen organisationalen Umfeld der Beteiligten auswirken kann. Die Prozesserfassung als Gestaltungselement dokumentiert erfolgte Lernprozesse in einer systematischen Weise. Dabei handelt es sich jedoch nicht im engeren Sinne um einen eigenständigen theoretischen Baustein. Daher werden die Überlegungen zur Prozesserfassung erst in Kapitel 4.4, das sich mit der praktischen Umsetzung des Konzepts beschäftigt, näher erläutert.

Auf der Basis der Zusammenschau der generischen Prinzipien mit den Phasen des Problemlöseprozesses wird im Folgenden von Wirkprinzipien gesprochen, deren Umsetzung eine ausschlaggebende Voraussetzung für einen erfolgreichen Prozess der Kollegialen Beratung darstellt. Die Darstellung der Wirkprinzipien in diesem sowie im vierten Kapitel nimmt im Hinblick auf das komplexe Problemlösen Bezug auf die Arbeit von Meck (2013), in Bezug auf die Synergetik auf Haken und Schiepek (2010; Strunk u. Schiepek, 2014; Schiersmann u. Thiel, 2018, S. 33–78).

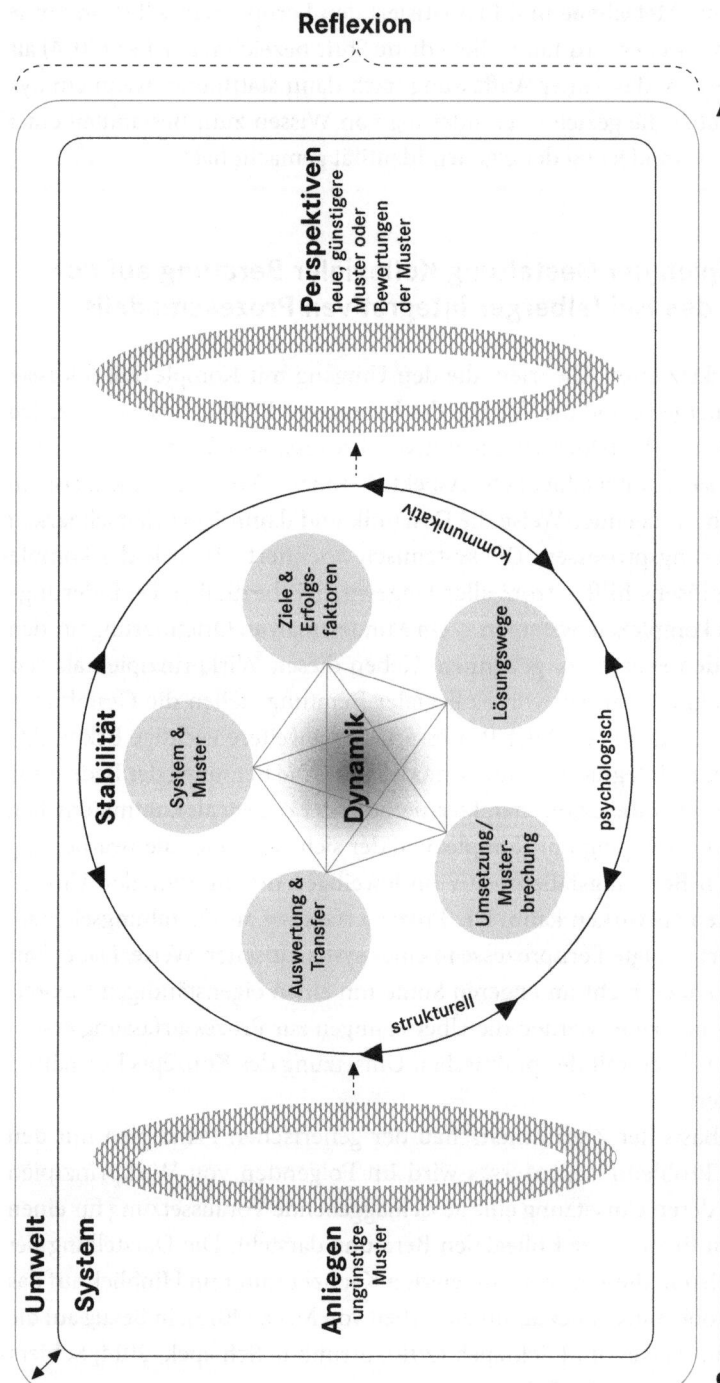

Abbildung 3: Heidelberger integratives Prozessmodell (in Anlehnung an Schiersmann u. Thiel, 2018, S. 66)

Den folgenden Ausführungen liegt die theoretisch basierte (Haken u. Schiepek, 2010, S. 589, S. 623, S. 625) Überzeugung zugrunde, dass sich Prozesse der Veränderung und damit auch Beratungsabläufe im Spannungsfeld von zwei Dimensionen bewegen: der Stabilität, die notwendig ist, um sich auf einen ungewissen Lernprozess einlassen zu können einerseits und der Dynamik des Veränderungsverlaufes selbst andererseits (s. Abb. 3). Daher wird zwischen einem prozessumfassenden, die Stabilität gewährleistenden Wirkprinzip und prozessbezogenen Wirkprinzipien differenziert, denen in verschiedenen Phasen des Prozesses eine unterschiedlich hohe Bedeutsamkeit zukommt. Letztere sollen den dynamischen Veränderungsprozess unterstützen.

Bei den aus den beiden Theorieansätzen abgeleiteten Wirkprinzipien für die Gestaltung von Veränderungsprozessen handelt es sich um Kriterien, die den Erfolg des *Prozesses* gewährleisten sollen. Davon abzugrenzen ist die Frage, wie das *inhaltliche Ergebnis* der Fallberatung durch den Ratsuchenden bewertet wird.

Ein entscheidender Vorteil des an den Metatheorien skizzierten integrativen Ansatzes besteht darin, dass er es erlaubt, Methoden bzw. Verfahren oder Feldtheorien, zum Beispiel aus den unterschiedlichen beraterischen Schulen, situationsspezifisch oder aufgrund der je individuellen Vorlieben der Beteiligten einzusetzen. Dabei ist das Verhältnis zwischen Methoden und Wirkprinzipien mehrdeutig: Ein Wirkprinzip kann durch verschiedene konkrete Methoden realisiert werden und eine Methode kann der Umsetzung mehrerer Wirkprinzipien dienen (in Anlehnung an Haken u. Schiepek, 2010, S. 440–441).

Im Folgenden werden die Wirkprinzipien des Heidelberger integrativen Prozessmodells auf einer allgemeinen Ebene vorgestellt, in Kapitel 4 werden sie dann für die Kollegiale Beratung konkretisiert. Zur Orientierung fasst Tabelle 2 die Wirkprinzipien vorab überblicksartig zusammen.

Tabelle 2: Prozessumfassende und prozessbezogene Wirkprinzipien

Stabilität schaffen	Um sich im Kontext der Kollegialen Beratung auf Veränderungsprozesse einlassen zu können, sind stabile Rahmenbedingungen wichtig. Strukturelle Stabilität erzeugt Transparenz und Orientierung. Psychische Stabilität entwickelt sich durch von der Gruppe geteilte Werthaltungen. Kommunikative Stabilität entsteht durch wertschätzendes und anschlussfähiges Gesprächsverhalten.
System und Muster identifizieren	Den Ausgangspunkt des Beratungsprozesses bildet die Bestimmung des bio-psycho-sozialen Systems mit seinen Systemgrenzen. Die Verlaufsdynamik des Systems mit seinen kognitiven, emotionalen und verhaltensbezogenen (KEV-)Mustern müssen identifiziert und gegebenenfalls visualisiert werden.
Ziele und Erfolgsfaktoren formulieren	Bei der Herausarbeitung von Zielen geht es um günstige und attraktive Muster. Diese entstehen unter Einwirkung veränderbarer Erfolgsfaktoren und gestaltbarer Rahmenbedingungen in emergenter Weise und wirken kreiskausal auf das System zurück.
Lösungswege sammeln	Die Entwicklung von Lösungswegen führt zu Strategien, die das System so anregen, dass die Wahrscheinlichkeit der Emergenz neuer Muster zunimmt. Das Sammeln kleinteiliger, iterativer, experimenteller Handlungen soll die nächsten möglichen Schritte in einem Lösungsraum verdeutlichen.
Umsetzung und Musterbrechung fördern	Das System bewegt sich bei Übergängen von alten zu neuen Mustern in kritischen Instabilitäten. Diese Instabilität gilt es zu nutzen und Aktivitäten wie Probehandeln, Umsetzung von Teilschritten oder Veränderung von Einstellungen tragen zur alltagspraktischen Umsetzung neuer Muster bei.
Auswertung und Transfer ermöglichen	Vor dem Hintergrund der Auswertung erfolgter Veränderungsprozesse gilt es, neue und als bedeutsam erlebte Muster zu verstetigen und sie im alltäglichen Handeln zu verankern. Geprüft werden sollte, ob die Lerneffekte auch auf andere Situationen transferiert werden können.

3.2.1 Prozessumfassendes Wirkprinzip Stabilität

Eine Grundüberlegung besteht darin, dass ein sicherer Rahmen (Haken u. Schiepek, 2010, S. 437) gegeben sein muss, um sich auf Lern- bzw. Veränderungsprozesse einzulassen, die eine hohe Dynamik aufweisen und daher mit Verunsicherung – in der Sprache der Synergetik mit Instabilitäten – einhergehen. Im Folgenden wird zwischen drei Dimensionen von Stabilität unterschieden: der strukturellen, der psychologischen und der kommunikativen Stabilität.

Strukturelle Stabilität ist gegeben, wenn bei den an der Kollegialen Beratung Beteiligten im Hinblick auf die Rahmenbedingungen der Zusammenarbeit Übereinkunft besteht. Dazu zählt die Abklärung der individuellen Erwartungen und Bedenken, die Verständigung auf gemeinsame Ziele, die Klärung organisatorischer Rahmenbedingungen sowie Klarheit über die auszugestaltenden Rollen und die Ablaufstruktur.

Im Hinblick auf die *psychologische Stabilität* stellt das gegenseitige Vertrauen eine wichtige Voraussetzung für einen produktiven gemeinsamen Arbeits- und Lernprozess dar. Es sollte auf dieser Basis allen Gruppenmitgliedern möglich sein, sich offen äußern und verletzlich zeigen zu können, ohne negativ sanktioniert zu werden. Außerdem ist eine grundsätzliche Lern- und Veränderungsbereitschaft unabdingbar, um konkrete Anliegen und ungünstige Muster bearbeiten zu können. Des Weiteren sollte die Arbeitsatmosphäre in der Gruppe und der Zusammenhalt durch Engagement aller Beteiligten und die gemeinsame Verantwortungsübernahme geprägt sein. Schließlich können die Beteiligten psychologische Stabilität auch aus sich selbst heraus erhalten, indem sie Selbstwirksamkeitserfahrungen machen und den Zugang zu eigenen Ressourcen stärken.

Der Aspekt der *kommunikativen Stabilität* greift das generische Prinzip der Resonanz aus der Synergetik auf. Dieses bezieht sich wiederum auf die Psychotherapieforschung, der zufolge der Beziehungsgestaltung in Beratungs- und Therapieprozessen ein hoher Stellenwert für deren Erfolg zugeschrieben wird. Auf der gesellschaftstheoretischen Ebene hat Rosa (2022) den Begriff aufgenommen. Er beschreibt mit »Resonanz« einen Beziehungsmodus, in dem sich Subjekt und Welt gegenseitig berühren und zugleich transformieren (Rosa, 2022, S. 298). Resonanz steht hier für eine veränderungsschaffende Weltbeziehung im Gegenentwurf zur Entfremdung, die das Subjekt sich unverbunden und beziehungslos zur Welt erleben lässt (Rosa, 2022, S. 316). Für den Kontext eines kollegialen Beratungsprozesses lässt sich Resonanz als ein wichtiger Bestandteil gelingender, Veränderung schaffender Kommunikation betrachten. In Bezug auf die kommunikative Stabilität ist daher eine hierarchiefreie und wertschätzende Kommunikation von großer Bedeutung. Zu einer anschlussfähigen Kommunikation zählt auch, möglichst Begriffe, Bilder oder Redewendungen der jeweils anderen Person aufzugreifen.

Im Beratungsprozess angewandte Methoden und Verfahren müssen dem aktuellen kognitiv-emotionalen Zustand *(state of mind)* der Ratsuchenden entsprechen. Nur wenn die Ratsuchenden eine Aufnahmebereitschaft signalisieren, können Impulse der Beratenden Wirkung entfalten. Die Anregungen der Beratenden sollten auch zur aktuellen emotionalen Verarbeitungstiefe des Ratsuchenden passen (Haken u. Schiepek, 2010, S. 439). Interventionen, die mit den genannten Aspekten nicht kongruent sind, haben nur eine geringe Chance, verstanden und aufgegriffen zu werden, weil das System, hier die ratsuchende Person, dann dafür »keine Antennen« hat. Angesichts des komplexitätsorientierten Verständnisses von Beratungssituationen sollten explorierende Gesprächsimpulse im Vordergrund stehen. Diese unterstützen das Ziel, möglichst Zusammenhänge und Wechselwirkungen aufzuzeigen.

Schließlich geht es bei dem Aspekt der kommunikativen Stabilität um eine zeitlich und prozessual resonante Kommunikation. Dieser Aspekt verweist darauf, dass Veränderungsprozesse eine Eigendynamik besitzen, die nur bedingt beschleunigt werden kann (Haken u. Schiepek, 2010, S. 630). Dies meint zum Beispiel zu prüfen, wann ein geeigneter Zeitpunkt für konkrete Veränderungsschritte gegeben ist. Dies hängt sowohl von individuellen Motivationslagen als auch von organisationalen Rahmenbedingungen (Krisen, strategische Herausforderungen etc.) ab. Der Begriff »Kairos« bezeichnet bestimmte Momente, die besondere Chancen bieten, um Veränderungen anzustoßen. Diese Momente sollten gewissermaßen »beim Schopf gepackt« werden. Die zeitliche Passung der Vorgehensweisen und des Kommunikationsstils der Beratenden mit den physiologischen, psychischen und sozialen Prozessen und Rhythmen der Ratsuchenden kann sowohl als Voraussetzung als auch als Merkmal einer gelingenden Beratung gelten (Haken u. Schiepek, 2010, S. 439).

3.2.2 Prozessbezogene Wirkprinzipien

Wirkprinzip: System und Muster identifizieren

Beim Prozessmodell des komplexen Problemlösens geht es in der Analyse der Ausgangssituation um die Diagnose von *Einflussfaktoren* und deren *Wechselwirkungen*. Die Synergetik betont, dass es wichtig ist, bestehende *Muster* in dem betrachteten System zu identifizieren. Die Bestimmung der Systemgrenze und die Identifikation dynamischer Muster schaffen zugleich ein Bezugssystem für die Bewertung von Veränderungen (Haken u. Schiepek, 2010, S. 629). Dabei sind auch die systeminternen und -externen Rahmenbedingungen zu berücksichtigen. Außerdem ist es – gerade in der Analysephase – wichtig, den Blick weniger auf Defizite auszurichten, sondern Stärken und Ressourcen herauszuarbeiten. So können Erfahrungen von Selbstwirksamkeit (Vertrauen auf persönliche Ressourcen) ermöglicht werden.

Wirkprinzip: Ziele und Erfolgsfaktoren identifizieren
Im Prozessmodell des Problemlösens werden bei diesem Wirkprinzip Ziele definiert. Ziele können zu Beginn eines komplexen und mit Unsicherheiten behafteten Veränderungsprozesses häufig noch nicht ganz genau festgelegt und müssen in diesen Fällen nachjustiert werden. Die Synergetik hebt hervor, dass Lern- bzw. Entwicklungsprozesse von den Mitgliedern des Systems als sinnvoll erlebt werden und mit deren eigenen Zielvorstellungen und zentralen Lebenskonzepten korrespondieren müssen, damit diese sich auf Veränderungsprozesse einlassen und sich dafür engagieren.

Wie bei der Vorstellung des Grundmodells der Synergetik schon erläutert, setzt Selbstorganisation eine energetische Aktivierung des jeweiligen Systems voraus. Daher ist es für die Herausbildung neuer Muster oder eine veränderte Bewertung bestehender Muster entscheidend, einen oder mehrere relevante Erfolgsfaktoren zu identifizieren, die das System zur Selbstorganisation anregen. Sie modulieren die inneren Wechselwirkungen der Prozesse und Elemente und sind hilfreich, um die emotionale und motivationale Bedeutung der zu bearbeitenden Anliegen herauszuarbeiten, Visionen und Ziele der Ratsuchenden zu identifizieren sowie die Nutzung und Stärkung von Ressourcen zu aktivieren (Haken u. Schiepek, 2010, S. 438). Veränderungsrelevante Parameter können dabei sowohl intrapsychischer Art sein als auch aus der (Bewertung der) sozialen Umwelt resultieren. Intrapsychische Aspekte sind zum Beispiel das eigene Maß an Zuversicht, die Steigerung von Neugier, das Erleben von Engagement bzw. Involvement oder Routine, der Wunsch nach Flow oder auch Zweifel, die Sorge vor Ohnmacht bzw. Kontrollverlust. Aspekte aus der sozialen Umwelt sind zum Beispiel die Suche nach Anerkennung oder auch das Vermeiden von Ausgrenzung oder die Sorge vor Isolation bzw. Vereinsamung. Die identifizierten Erfolgsfaktoren lassen sich als Variablen auffassen. Sie können – hinterlegt mit zu erarbeitenden Lösungswegen – durch ein »mehr von ...« oder »weniger von ...« Musterwechsel anregen. Im betrieblichen Alltag hat zum Beispiel in einem Team ein *Mehr* an Vertrauen oder ein *Weniger* an Überzeugung die Jahresziele zu erreichen, Auswirkungen auf das Verhalten der Teammitglieder.

Wirkprinzip: Lösungswege sammeln

Dieses Wirkprinzip bezieht sich im Kontext des komplexen Problemlösens auf die Entwicklung alternativer Maßnahmen- und Veränderungsschritte und die Planung ihrer Umsetzung. Die Synergetik zielt im Rahmen dieses Wirkprinzips darauf ab, den Beteiligten neue Perspektiven und Erfahrungsmöglichkeiten zu eröffnen, um bestehende, als nicht mehr passend erlebte Muster der Kognition, der Emotion und des Verhaltens zu destabilisieren. Es geht um das Schaffen von Bedingungen für neue kreative Ideen oder alternative Planungen. Hierbei ist zu betonen, dass Lösungswege nicht als komplett abgeschlossene Konstrukte zu verstehen sind, die aufgrund einer »richtigen« Analyse des »wahren« Problems nun den »einzig wahren« Weg zur Lösung formulieren, sondern dass es sich um Ideen-Fragmente handelt, die einzelne, kleinschrittige Strategien formulieren, die in einem explorativen und experimentellen Sinne zu einem »nächsten Schritt« führen. Der so entstehende Lösungsraum beschreibt für die Ratsuchenden einen Weg von einem Status quo hin zu einer Lösung, ohne anfangs jeden Schritt oder auch das letztendliche Ziel bereits kennen zu können.

Wirkprinzip: Umsetzung/Musterbrechung fördern

Im Rahmen des Modells des komplexen Problemlösens geht es im Wesentlichen um die Umsetzung der erarbeiteten Pläne und dessen Controlling, die Synergetik hingegen betont das Werden und damit das (sich) Realisieren neuer Muster. In der Sprache der Synergetik bedeutet »Symmetrie«, dass ein altes Muster sich in einer kritischen Instabilität befindet und so ein neues angestrebtes Muster potenziell mit gleicher Wahrscheinlichkeit realisiert werden kann (Haken u. Schiepek, 2010, S. 439). Befinden sich die Muster eines Systems im Zustand der Symmetrie, dann ist die Vorhersagbarkeit der weiteren Entwicklung in dieser Situation besonders gering. Die Synergetik hebt bei diesem Wirkprinzip das Ziel hervor, den Beteiligten neue Perspektiven und Erfahrungsmöglichkeiten zu eröffnen, um so bestehende, als nicht mehr passend erlebte Muster der Kognition, der Emotion und des Verhaltens zu »verstören«, das heißt zu destabilisieren. Dabei können kleine Fluktuationen entscheidend sein. Die Aufgabe von Beratenden besteht darin, diese Entscheidung nicht dem Zufall zu überlassen, sondern sinnvolle Hilfestellungen zur Symmetriebrechung zu geben, um zumindest einige Strukturelemente eines neuen Musters mit den dazugehörigen Handlungen und Emotionen umzusetzen.

Im Rahmen der Kollegialen Beratung kann dieser Prozess nicht direkt begleitet werden. Die Beratenden können aber antizipatorisch Hilfestellungen zur Symmetriebrechung geben, um zukünftig einige Strukturelemente eines neuen Ordnungszustands in Bezug auf Einstellungen, Emotionen oder Handlungen umsetzen zu können. Dies schließt eine Neubewertung alter Muster ein. Es besteht die Möglichkeit, in einer nächsten Sitzung auf den Fall zurückzukommen, insbesondere, wenn in der Zwischenzeit die Umsetzung erprobt wurde.

Wirkprinzip: Auswertung und Transfer ermöglichen
Im Rahmen des komplexen Problemlösens geht es bei diesem Wirkprinzip um die Evaluation der Ergebnisse sowie des möglichen Transfers der Ergebnisse und Erfahrungen auf andere Situationen. In der Sprache der Synergetik ist die Ausrichtung dieses Wirkprinzips, die erreichten neuen und positiv bewerteten, kognitiven, emotionalen und/oder verhaltensbezogenen Muster zu stabilisieren, das heißt in alltägliches Handeln zu überführen. Die Ratsuchenden sollen sich idealerweise mit der neuen Ordnung und ihren Rahmenbedingungen identifizieren. Psychologisch gesehen geht es darum, das neue Muster in das existente Selbstkonzept zu integrieren und mit bestehenden kognitiv-emotionalen Schemata zu vernetzen. Dies ist zentral für einen längerfristigen Erfolg von Veränderungsprozessen. In der Kollegialen Beratung – und oft auch in der professionellen Beratung – ist diese Entwicklung ebenso wie die Umsetzung neuer Muster nicht mehr unmittelbarer Gegenstand des Beratungsprozesses. Auch hier muss es folglich um eine Antizipation möglicher Strategien gehen.

Gestaltungselement Reflexion
Bei der system-dynamischen und system-logischen Betrachtung bio-psycho-sozialer Systeme wird in dem diesem Buch zugrundeliegenden Konzept reflexiven Prozessen (s. Kapitel 3.1.4) ein zentraler Stellenwert zugewiesen. Dissoziierende, reflexive Positionen machen das Wechseln der Perspektive und das Erkennen von Fortschritten und Unterschieden möglich. In Bezug auf die Kollegiale Beratung auf der Basis des Heidelberger integrativen Prozessmodells umfasst die Reflexion drei Facetten: Zunächst kann der gesamte Prozess der Kollegialen Beratung als ein reflexiver Prozess charakterisiert werden, denn die Ideen und Rückmeldungen der Beratenden lösen beim Ratsuchenden ein Nachdenken über neue Anregungen, das heißt eine Reflexion seiner Situation aus. Zweitens gibt es im Rahmen des Ablaufs des Beratungsprozesses verschiedene Zeitpunkte, an denen einer systematischen Reflexion ein besonderer Stellenwert zukommt, zum Beispiel bei der Auseinandersetzung mit Hypothesen und Ideen der Beratenden zur Ist-Situation, der Bewertung von Lösungsideen oder der Antizipation einer Veränderung bestehender Muster und deren Umsetzung in den Alltag (s. dazu Kapitel 4.2). Drittens spielt die Prozessreflexion am Ende einer Fallberatung eine wichtige Rolle. Dabei geht es darum, dass die Gruppenmitglieder reflektieren, wie gut sie die verschiedenen Wirkprinzipien umgesetzt

haben. Der Austausch darüber und das Herausarbeiten möglicher Schritte zur Verbesserung des gemeinsamen Arbeitsprozesses fördert systematisch den Lernprozess der Gruppe und stärkt die Entwicklung von kommunikativen und problemlösenden Kompetenzen. Dies ist wiederum wichtig für den Transfer der Lernerfahrungen in den betrieblichen Alltag.

4 Kollegiale Beratung auf der Basis des Heidelberger integrativen Prozessmodells

In diesem Kapitel wird die praktische Ausgestaltung Kollegialer Beratung auf der Basis des Heidelberger integrativen Prozessmodells detailliert erläutert, und es werden konkrete Gesprächsimpulse und Tipps vorgestellt. Entsprechend des in Kapitel 3 dargestellten theoretischen Modells orientiert sich die Gestaltung an dem prozessumfassenden Wirkprinzip der Stabilität, den prozessbezogenen Wirkprinzipien sowie an den beiden weiteren Gestaltungselementen des Modells: der Reflexion und der Prozesserfassung. Die inhaltliche Darstellung des Kapitels ist in drei Leitfäden zusammenfasst, die im Anhang sowie als Onlinematerialien verfügbar sind. Zur Orientierung wird den Ausführungen ein grafischer Gesamtüberblick vorangestellt (s. Abb. 4).

4.1 Prozessumfassendes Wirkprinzip Stabilität

Wie in Kapitel 3 ausgeführt, stellt ein Veränderungsprozess eine verunsichernde Situation dar, weil sich die Betroffenen auf ein neues unbekanntes Terrain begeben. Damit diese sich auf den unwägbaren Prozess einlassen können, ist es unabdingbar, dass dieser in einem stabilen Rahmen stattfindet. Dies gilt in besonderer Weise für Kollegiale Beratung, die auf professionelle Unterstützung weitgehend verzichtet. Unterschieden wird auch hier unter Bezug auf Kapitel 3 zwischen den Dimensionen struktureller, psychologischer und kommunikativer Stabilität.

Die Aspekte, die zu stabilen Rahmenbedingungen für den Prozess der Kollegialen Beratung beitragen, sollten in einer ersten Sitzung der Gruppe oder im Rahmen einer Einführungsveranstaltung (s. Kapitel 4.2), die sich an eine bereits konstituierte Gruppe richtet, ausführlich besprochen und in den Kernpunkten auch schriftlich festgehalten werden. Es ist sinnvoll, in den folgenden Sitzungen – insbesondere zu Beginn der gemeinsamen Arbeit – an die vereinbarten Regeln zu erinnern.

Prozessumfassende Stabilität schaffen

Strukturelle Stabilität
- Erwartungen & Bedenken
- Gemeinsame Ziele
- Organisatorische Rahmenbedingungen
- Rollen & Ablaufstruktur

Psychologische Stabilität
- Lern- & Veränderungsbereitschaft
- Vertrauen & Vertraulichkeit
- Verantwortung & Engagement
- Selbstwirksamkeit

Kommunikative Stabilität
- Wertschätzende Kommunikation
- Anschlussfähige Kommunikation
- Explorierende Kommunikation
- Zeitliche & prozessuale Resonanz

Prozessbezogene Stabilität schaffen

Befindlichkeitsrunde | Rollen verteilen | Fälle sammeln und auswählen

System & Muster identifizieren
- (R) Schilderung des Falles auf kognitiver, emotionaler und verhaltensbezogener Ebene
- (R) Formulierung der Fokus-Frage
- (B) Rückfragen der Beratenden
- (B) Gesprächsimpulse & Hypothesen
- (R) Kommentierung der Annahmen

Ziele & Erfolgsfaktoren formulieren
- (B) Finden möglicher Ziele
- (R) Kommentieren möglicher Ziele
- (R) Erfolgsfaktoren identifizieren

Auswertung & Transfer ermöglichen
- (R) Auswertung der Problemlösung
- (R, B) Transfer der Problemlösung auf andere Situationen der Problemlösung

Umsetzung & Musterbrechung fördern
- (R) Erfolgsversprechende Lösungsideen (attraktive Muster) mental in Handlungsszenarien überführen

Lösungswege sammeln
- (B) Sammlung von Lösungswegen
- (R) Lösungswege kommentieren

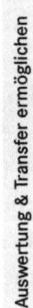

Abbildung 4: Übersicht zum Prozess der Kollegialen Beratung auf Basis des Heidelberger integrativen Prozessmodells (R: Ratsuchende*r; B: Beratende)

4.1.1 Strukturelle Stabilität

Um strukturelle Sicherheit zu gewährleisten, ist es wichtig, dass die Gruppenmitglieder die folgenden Punkte diskutieren und dazu auch Verabredungen treffen:
- Erwartungen (und Bedenken) hinsichtlich der gemeinsamen Arbeit abklären,
- gemeinsam geteilte Ziele formulieren,
- organisatorische Rahmenbedingungen klären,
- sich über zu verteilende Rollen verständigen und deren Ausgestaltung konkretisieren sowie
- sich der Ablaufstruktur vergewissern.

Erwartungen und Bedenken

Zunächst ist zu klären, welche konkreten Erwartungen und mögliche Bedenken die Gruppenmitglieder mitbringen im Hinblick auf
- ihren jeweils persönlichen Gewinn,
- den Lernprozess der Gruppe und
- den Transfer in den organisationalen Kontext.

Ebenso sollte angesprochen werden, ob Bedenken im Hinblick auf die gemeinsame Arbeit oder deren Rahmenbedingungen bestehen, soweit sich diese artikulieren lassen.

Gemeinsame Ziele

Aus der Abklärung von Erwartungen lassen sich konkrete Ziele für die gemeinsame Arbeit ableiten, auf die sich die Gruppe verständigen sollte. Diese können je nach Zusammensetzung der Gruppe (betriebsintern oder betriebsübergreifend, s. Kapitel 2.5.2) sowie den vorhandenen Erfahrungen und Kompetenzen der Mitglieder mit Moderation und Beratung variieren. In Kapitel 2.3 sind einige aus der Literatur zur Kollegialen Beratung zusammengetragene Ziele vorgestellt worden. Diese können als Bezugspunkte für die jeweilige konkrete Zielformulierung angesehen werden. Es sollten möglichst Ziele formuliert werden in Bezug auf
- die jeweiligen Ratsuchenden
  Beispiel: Gewinnung von Unterstützung und Lösungsideen im Hinblick auf schwierige berufliche Situationen,
- die Gruppe als Ganzes und deren gemeinsamen Lernprozess
  Beispiel: Erweiterung von Problemlöse- und Beratungskompetenz,
- die jeweilige Organisation der einzelnen Mitglieder
  Beispiel: Förderung der betrieblichen Kommunikations- und Lernkultur durch den Transfer von Erfahrungen aus der Kollegialen Beratung.

Die Gruppe sollte sich auch regelmäßig darüber austauschen, zum Beispiel im Rahmen der Prozessreflexion (s. Kapitel 4.3), ob sie ihre Ziele erreicht. So können gegebenenfalls zu hohe Erwartungen angepasst oder Kurskorrekturen vorgenommen werden, wenn die gesetzten Ziele der Gruppe nicht erfüllt sind.

Organisatorische Rahmenbedingungen
Für eine optimale Arbeit einer kollegialen Beratungsgruppe sind auch organisatorische Rahmenbedingungen von hoher Bedeutung. In diesem Zusammenhang sind unter anderem die folgenden Fragen zu klären:
- Welches ist die gewünschte minimale bzw. maximale Gruppengröße?
- Welcher Zeitraum für eine Sitzung erscheint angemessen und praktikabel? Sollen die Sitzungen eher kürzer sein und dafür häufiger stattfinden, oder eher länger und dafür seltener? Wie viele Fälle können je nach zeitlichem Umfang auf einer Sitzung bearbeitet werden?
- Will die Gruppe sich vor Ort treffen oder im Live-Online-Setting (s. Kapitel 5) oder auch beide Settings im Wechsel benutzen?
- Entstehen für Räumlichkeiten und Verpflegung Kosten? Wenn ja, wie können diese gedeckt werden?
- Ist eine angemessene Ausstattung des Raumes gewährleistet (z. B. Art und Anordnung des Mobiliars, Flipchart, Pinnwand, Moderationsmaterial, ggf. Laptop und Beamer)?
- Wie wird die Verbindlichkeit der Teilnahme geregelt, zum Beispiel der Umgang mit Fehlen oder mit kurzfristigen Absagen und wie oft eine Person fehlen darf?
- Wie werden Ein- oder Austritte in die oder aus der Gruppe gehandhabt?
- Insbesondere bei betriebsinternen kollegialen Gruppen zählt dazu auch die Verankerung des Formats der Kollegialen Beratung in der betrieblichen Struktur und Kultur und die aktive Unterstützung dieser Lernform insbesondere durch die Führungskräfte sowie die Bereitstellung von zeitlichen und materiellen Ressourcen.

Rollen
Wie bereits in Kapitel 2.5.3 ausgeführt, stellen festgelegte, aber kontinuierlich wechselnde Rollen ein konstitutives Merkmal Kollegialer Beratung dar. Zu den zentralen Rollen, die in jeder Gruppe konkret ausgestaltet werden müssen, zählen die folgenden:

Ratsuchender
Eine zentrale Rolle ist die der Ratsuchenden. Der Ratsuchende erhält durch den Beratungsprozess die Chance, durch Fragen, Hypothesen und Lösungsideen der

Beratenden Anregungen zu erhalten und so alternative Sichtweisen auf seinen eingebrachten Fall sowie Lösungsideen entwickeln zu können. Die Ratsuchende muss bereit sein, offen über ihr Anliegen zu sprechen. Die Person sollte ein echtes Interesse an der Veränderung der Situation haben. Sie sollte auch bereit sein, über persönliche Schwierigkeiten zu sprechen und eigene Gefühle zu thematisieren sowie das eigene Verhalten selbstkritisch zu reflektieren.

Moderatorin
Die Rolle eines Moderators ist wichtig für den Erfolg des Beratungsprozesses. Bei der Ausgestaltung dieser Rolle ist es wichtig, dass die Person
- die verschiedenen Schritte des Bearbeitungsprozesses in ihrer Reihenfolge beachtet (s. dazu den nächsten Abschnitt),
- darauf achtet, dass sich alle Gruppenmitglieder gemäß der verabredeten Rollen und Regeln am Prozess beteiligen,
- eine wertschätzende und anschlussfähige Kommunikation fördert,
- eine angemessene Beteiligung aller Gruppenmitglieder (je nach aktuellen Rollen) im Auge behält.

Gerade in Bezug auf die Rolle der Moderatorin sind die Erwartungen an diese zu klären: Soll sie sich eher auf eine neutrale Funktion zur Strukturierung eines gleichberechtigten und störungsfreien Ablaufs des Beratungsprozesses konzentrieren oder soll sie sich selbst auch inhaltlich – bezogen auf den Fall – in das Gespräch einbringen und damit zugleich die Rolle einer Beraterin übernehmen? In letzterem Fall ist es wichtig, dass die Moderatorin ihren Rollenwechsel transparent macht. Es gibt Argumente für beide Varianten. Ist die Gruppe eher groß, kann es sinnvoll sein, dass sich die Moderatorin auf die eher formale Strukturierung des Gesprächs konzentriert, weil zum einen genügend Beratende vorhanden sind und zum anderen die Moderation in einer größeren Gruppe auch mit höheren Anforderungen, zum Beispiel in Hinblick auf die gleichberechtigte Gesprächsbeteiligung aller Gruppenmitglieder, verbunden ist. Ist die Gruppe eher klein, könnte es hilfreich sein, die beiden Rollen in einer Person zu vereinigen, um möglichst viele Perspektiven von Beratenden einfangen zu können.

Beratende
Beratende gehören zu den elementaren Rollen der Kollegialen Beratung. Sie sollen der ratsuchenden Person in respektvoller Haltung begegnen und ihr ehrliches Interesse entgegenbringen und sich bis zu einem gewissen Maß auf die Sichtweise der Ratsuchenden einstellen (Schmid, Veith u. Weidner, 2010, S. 35).

Während die Beratenden sich in der Anfangsphase bei der Darstellung des Falls zunächst auf das Zuhören konzentrieren, ist es in den darauffolgenden Phasen wichtig, vor allem hilfreiche Fragen zu stellen sowie eigene Sichtweisen, Zusammenhänge und Hypothesen zu formulieren. Erst am Ende der Bearbeitung eines Falls sind Lösungsideen der Beratenden gefragt (s. Näheres dazu in Kapitel 4.2).

Protokollant

Hilfreich (insbesondere für die Ratsuchende) ist auch die Rolle eines Protokollanten. Diese Rolle entlastet die Ratsuchende und ermöglicht es ihr, sich ganz auf den Prozess der Beratung konzentrieren zu können. Ein Protokollant kann auch die Moderatorin entlasten, indem er Hypothesen oder Lösungsideen der Ratsuchenden an einem Flipchart oder mithilfe digitaler Medien, die über einen Beamer die Mitschriften sichtbar machen, festhält. Die Visualisierung des Prozesses ermöglicht es, die Überlegungen permanent verfügbar zu haben und vergrößert damit auch die Transparenz. Das Protokoll kann zu großen Teilen oder ganz aus Fotoprotokollen von einem Flipchart oder einer Pinnwand bestehen oder auch aus der Zusammenstellung digitaler Dokumente wie Screen-Shots, kopiertem Chat-Verlauf oder ausgearbeiteten Textmitschriften eines Live-Online-Treffens (Näheres s. Kapitel 5). Es wird den Ratsuchenden am Ende der Fallbearbeitung zur Verfügung gestellt.

Zeitwächter

Von großer Bedeutung für erfolgreiche kollegiale Beratungsprozesse ist, dass die für die verschiedenen Schritte im Ablaufprozess vereinbarten Zeithorizonte eingehalten werden, damit im vorgesehenen Zeitraum für die Bearbeitung eines Falls alle Schritte durchlaufen werden können (s. dazu Kapitel 4.2). Beißt sich die Gruppe an einem Punkt fest, fehlt am Ende die Zeit, um den geplanten Prozess erfolgreich abzuschließen. Daher ist es sinnvoll, auch die Rolle einer Zeitwächterin zu vergeben und so den Moderator zu entlasten. Diese Rolle kann aber auch – unter anderem je nach Gruppengröße – von der Moderatorin oder dem Protokollanten mit übernommen werden.

Prozessbeobachterin

Sehr unterstützend für den gemeinsamen Lernprozess der Gruppe – wenngleich nicht zwingend – ist die Rolle eines Prozessbeobachters. Die Prozessbeobachterin nimmt während der Fallbearbeitung eine Metaposition ein und beobachtet den Prozess unter verschiedenen Gesichtspunkten, insbesondere im Hinblick auf die Realisierung der Wirkprinzipien. Dies kann durch den

Leitfaden Prozessreflexion (im Anhang und als Onlinematerial) unterstützt werden (s. Kapitel 4.2 und 4.3). Diese Rolle trägt zu einer Verbesserung der Zusammenarbeit und des gemeinsamen Lernens bei.

Ein Rückblick auf den Prozess sollte in der Regel am Ende einer Fallbesprechung erfolgen. Wenn die beobachtende Person jedoch den Eindruck hat, dass der Prozess nicht regelkonform (z. B. bezüglich der Einhaltung der Schritte) oder nicht wertschätzend erfolgt, kann sie auch eine Unterbrechung und eine Metakommunikation während des Beratungsprozesses anregen.

Ist die Gruppengröße eher klein, kann auf die Funktion des Prozessbeobachters verzichtet werden. Allerdings sollte dann ein gemeinsamer reflektierender Blick der Gruppe auf den abgelaufenen Prozess anhand des *Leitfadens Prozessreflexion* in einer Abschlussrunde erfolgen. Eine systematische Reflexion des Beratungsprozesses mit Unterstützung der Prozessbeobachterin ist insbesondere zu Beginn der gemeinsamen Arbeit hilfreich, wenn die Gruppe noch lernt, die Regeln und Aufgaben konkret umzusetzen. Sie ist aber auch prinzipiell unterstützend, um Beobachtungen und Anregungen für die Reflexionsprozesse der Gruppe zu sammeln.

Zusammenfassend ist festzuhalten, dass in einer ersten Sitzung folgende Fragen im Hinblick auf die Rollen erörtert werden sollten:
- Sind die dargestellten Rollen allen Beteiligten klar?
- Soll es die separate Rolle eines Protokollanten, einer Zeitwächterin und eines Prozessbeobachters geben oder sollen diese Aufgaben von anderen Rollenträgern mit übernommen bzw. soll auf sie verzichtet werden?
- Wie sollen die Rollen konkret ausgestaltet werden (insbesondere die der Moderatorin)?

Ablaufstruktur

Die relativ feste Ablaufstruktur für die einzelnen Sitzungen, die in Abschnitt 4.2 detailliert erläutert wird, stellt ebenfalls einen wichtigen Aspekt der strukturellen Stabilität dar, weil sie in gewisser Weise den professionellen Berater ersetzt. Bei dem hier vorgestellten Konzept orientiert sich die Ablaufstruktur an den in Kapitel 3 vorgestellten Wirkprinzipien und konkretisiert diese für die praktische Arbeit in kollegialen Beratungsgruppen. In einer ersten Sitzung sollten die Mitglieder der kollegialen Beratungsgruppe sich vergewissern, ob es zu den Wirkprinzipien und deren konkreter Umsetzung Klärungsbedarf gibt. Dazu könnten folgende Leitfragen dienen:
- Sind die verschiedenen, in Kapitel 3 erläuterten Wirkprinzipien klar?
- Soll die Fallbearbeitung mit möglichst verschiedenen Gesprächsimpulsen bzw. Methoden erfolgen (s. dazu Kapitel 6) oder möchte die Gruppe vor-

läufig mit dem Einsatz weniger Methoden zunächst mehr Sicherheit und Routine erreichen?
- Will die Gruppe bei konkretem Bedarf oder routinemäßig in bestimmten Abständen professionelle Beratende zur Reflexion ihrer Arbeit hinzuziehen? Wer zahlt gegebenenfalls dafür?

4.1.2 Psychologische Stabilität

Um psychologische Stabilität zu gewährleisten, ist es wichtig, dass sich die Gruppe auf Grundsätze ihrer Arbeit verständigt. Des Weiteren sollten die Mitglieder der Gruppe sich auch gegenseitig das Recht einräumen, diese in Erinnerung zu rufen und sich (z. B. im Rahmen der Prozessreflexion) in Bezug auf die Umsetzung der Grundsätze gegenseitig Feedback zu geben. Die im Folgenden genannten Aspekte dienen als Vorschläge dazu, sie können modifiziert oder erweitert werden.

Lern- und Veränderungsbereitschaft

Beratung bietet Unterstützung, um konkrete Anliegen zu bearbeiten und ungünstige Muster (Denken, Gefühle, Verhalten) zu verändern. Dies setzt eine grundlegende Bereitschaft bei den Ratsuchenden voraus, sich auf Lern- und Veränderungsprozesse einzulassen. Eine Formulierung für einen solchen Grundsatz könnte lauten: »Wir sind bereit, alte Gewohnheiten zu hinterfragen und unsere Komfortzone zu verlassen.«

Vertrauen und Vertraulichkeit

Eine wichtige Voraussetzung für eine produktive Bearbeitung eines Falls ist eine offene und vertrauensvolle Atmosphäre, um schwierige Themen ansprechen und bearbeiten zu können. Hierzu zählt unter anderem, dass personen- und organisationsbezogene Informationen in der Gruppe bleiben und nicht nach außen getragen werden. Es ist dringend empfehlenswert, eine Schweigeregel zu vereinbaren. Gleichwohl ist nachvollziehbar, dass die jeweiligen Organisationen, in denen die Beteiligten tätig sind, ein Interesse an allgemeinen Lernergebnissen aus der Kollegialen Beratung haben. Wie mit allgemeinen Informationen über das Gelingen oder Schwierigkeiten in der kollegialen Beratungsgruppe in Bezug auf den Transfer in die jeweiligen Organisationen umzugehen ist, muss situationsspezifisch geregelt werden. Eine Formulierung für einen diesbezüglichen Grundsatz könnte sein: »Wir pflegen einen offenen und wahrhaftigen Umgang und lassen persönliche Informationen im Raum.«

Verantwortung und Engagement

Der Zusammenhalt und die Arbeitsatmosphäre in der Gruppe werden durch die Bereitschaft der Beteiligten geprägt, gemeinsam Verantwortung für den unsicheren Prozess der Fallbearbeitung zu übernehmen und sich aktiv für eine erfolgreiche gemeinsame Arbeit zu engagieren. Eine Formulierung für diesen Grundsatz könnte lauten: »Wir zeigen Respekt, indem wir gemeinsam Verantwortung für den Prozess übernehmen.«

Selbstwirksamkeit

Das Selbstwirksamkeitserleben der einzelnen Gruppenmitglieder stellt einen wichtigen Faktor dar, um sich gerne und aktiv am Beratungsprozess zu beteiligen. Eine Formulierung für einen diesbezüglichen Grundsatz könnte sein: »Ich traue mir selbst Veränderung zu und fühle mich den Anforderungen gewachsen.«

4.1.3 Kommunikative Stabilität

Neben der strukturellen und der psychologischen spielt die kommunikative Stabilität als dritter Aspekt des Wirkprinzips der Stabilität eine zentrale Rolle über den gesamten Beratungsprozess hinweg. Die im Folgenden erläuterten Aspekte sind für die Ausgestaltung dieser Dimension von Stabilität wichtig.

Wertschätzende Kommunikation

Kommentare oder Fragen sollten grundsätzlich wertschätzend und ressourcen-, nicht defizitorientiert formuliert werden. Dies stellt eine Grundbedingung für eine gelingende Kommunikation dar. Als gute Grundlage für ein solches Kommunikationsverhalten können die von Rogers (1959/2009) geprägten Grundhaltungen der Kommunikation (»Einfühlendes Verstehen«, »Wertschätzung« und »Kongruenz«) angesehen werden.

Einfühlendes Verstehen/Empathie: Die beratende Person soll die Fähigkeit besitzen, sich in die Gedanken und emotionale Lage der ratsuchenden Person hineinzuversetzen und deren Wahrnehmungen an sie zu spiegeln.

Wertschätzung: Dabei geht es darum, die ratsuchende Person so anzunehmen, wie sie ist, ohne Bedingungen zu stellen. Beratende sollen die Ratsuchenden auf einer menschlichen Ebene akzeptieren. Dieser Haltung liegt die Auffassung der personzentrierten Beratung zugrunde, dass Wertschätzung eine existenzielle Bedingung für die Entwicklung von Menschen ist. Es geht dabei aber nicht darum, alle Handlungen oder Meinungen der ratsuchenden Person einfach hinzunehmen.

Kongruenz: Kongruenz der Beratenden meint eine Haltung, die eine unverfälschte und offene Kommunikation in der Beratung möglich macht. Die innere

Haltung der Beratenden soll mit dem übereinstimmen, was sie ausdrücken oder tun. Dies schließt nicht aus, kritische Rückmeldungen zu den Einstellungen der Ratsuchenden zu geben. Wichtig ist dabei jedoch, eine respektvolle und konstruktive Kommunikation aufrechtzuerhalten.

Anschlussfähige Kommunikation

Die Gesprächsgestaltung sollte das Verstehen des Falls erleichtern. Dazu dient das Aufgreifen von Begriffen, Bildern, Methapern oder Redewendungen aus der Welt der Ratsuchenden und das in Kapitel 3.2 erwähnte Berücksichtigen der »Aufnahmebereitschaft« sowie der »Verarbeitungstiefe« der Ratsuchenden.
- Welche Begriffe, Bilder, Methapern oder Redewendungen sind für die Sichtweise des Ratsuchenden typisch?
- Welche Gefühle werden neben verbalen Formulierungen zum Beispiel durch Atmung, Stimmführung oder Körperhaltung ausgedrückt und wie können sie aufgegriffen werden?
- Wie viel Konkretion im Gespräch ist möglich und notwendig, um den eingebrachten Fall zu verstehen und zu bearbeiten und wie viel Abstraktion erforderlich, um Perspektivwechsel und Dissoziation im Gespräch anzuregen?

Explorierende Kommunikation

Um der Komplexität der Fälle und dem komplexitätsorientierten Ansatz gerecht zu werden, sollten von den Beratenden vorrangig Fragen oder Gesprächsimpulse gewählt werden, die Wechselwirkungen zwischen verschiedenen Einflussfaktoren und Muster des Denkens, Fühlens und Handelns aufzeigen, zum Beispiel zirkuläre Fragen, Reframing, positive Konnotation (s. Näheres dazu in Kapitel 6.1).

Zeitliche und prozessuale Resonanz

Die zeitliche Dauer des Beratungsprozesses sollte sich am Umfang des Falls und gegebenenfalls der emotionalen Betroffenheit der Falleinbringenden orientieren und zwischen 30 und 120 Minuten liegen. Sollen alle in Kapitel 4.2 vorgestellten Stationen der Kollegialen Beratung durchlaufen werden, so ist eine Dauer von einer Stunde angemessen. Davon kann jedoch insbesondere bei erfahrenen Gruppen abgewichen werden: Es kann Situationen geben, in denen in einer Sitzung zunächst bestimmte Wirkprinzipien bearbeitet werden sollen (z. B. bis zur System- und Musteranalyse), um die weiteren dann in einer späteren Sitzung aufzugreifen. Dann kann die vorgesehene Zeit dementsprechend reduziert werden. Eine *Impulsfrage* der Moderatorin könnte lauten: »Gibt es für den Verlauf der Kollegialen Beratung für diesen Fall hier heute etwas zu beachten?«

Die *Entwicklungsgeschwindigkeit* des Beratungsprozesses und die Bearbeitungszeit der einzelnen Wirkprinzipien sollten sich an den Bedürfnissen der Ratsuchenden orientieren, wenngleich im *Leitfaden Prozessgestaltung* jeweils eine bestimmte Zahl von Minuten vorgeschlagen ist. So kann zum Beispiel eine hohe emotionale Betroffenheit zu einer Verlangsamung des Prozesses führen. Die vorgeschlagenen Zeithorizonte dienen als Orientierungswert und beziehen sich auf eine Situation, bei der in einer Sitzung alle Wirkprinzipien bearbeitet werden sollen. Sie sind nicht normativ zu verstehen.

Es gilt zudem darauf zu achten, wann bei dem jeweiligen Fall *ein geeigneter Zeitpunkt (Kairos)* für den Anstoß einer Veränderung gegeben ist. Beispielfrage: »Wäre jetzt ein konkreter nächster Schritt passend?«

Kommunikative Kompetenzen der Gruppenmitglieder
Gerade für den Aspekt der kommunikativen Stabilität ist auch ausschlaggebend, über welche kommunikativen und beraterischen Kompetenzen die Gruppenmitglieder bereits verfügen. Es sollte davon auszugehen sein, dass Führungskräfte zumindest im Rahmen von Fortbildungen ihre kommunikativen Kompetenzen bereits geschult und weiterentwickelt haben, weil sie diese auch für die Kommunikation mit ihren Mitarbeiterinnen benötigen. In diesen Fällen dürfte es in Bezug auf die kommunikative Stabilität eher um Auffrischen oder ein gemeinsames Verständnis gehen. Bei Fachkräften dürfte die Situation – unter anderem auch abhängig von der jeweiligen Branche, in der die Personen tätig sind, und dem Anteil kommunikativer Prozesse in der Arbeitstätigkeit – unterschiedlich sein. Im letzteren Fall sollte bei Einführungsveranstaltungen zu Kollegialer Beratung auch Zeit für das Erproben von Gesprächsimpulsen vorgesehen werden. Im Rahmen des Gesprächs über das Wirkprinzip Stabilität könnte eine Impulsfrage dazu lauten: »Welche persönlichen kommunikativen Kompetenzen (z. B. in Bezug auf Moderations- bzw. Beratungskompetenz) bringen die einzelnen Mitglieder mit?«

4.2 Prozessbezogene Wirkprinzipien

4.2.1 Stabilität schaffen

In jeder Sitzung der kollegialen Beratungsgruppe ist es wichtig, sich zu vergewissern, dass die Stabilitätsbedingungen auf struktureller, psychologischer und kommunikativer Ebene gegeben sind. Die folgenden Punkte tragen dazu bei.

Kurze Runde zum Ankommen und Einstimmen

Um sich gemeinsam auf die Sitzung einzustimmen und die Beteiligten dort abzuholen, wo sie gedanklich gerade noch sind (z. B. am Arbeitsplatz oder auf der Fahrt zur Sitzung), ist es sinnvoll, mit einer kurzen Befindlichkeitsrunde zu beginnen. In wenigen Sätzen bringen alle Beteiligten zum Ausdruck, wie es ihnen in dem Moment geht.

Beispiele:
»Ich bin ganz konzentriert und freue mich auf die Gruppe.«
»Ich hänge noch an meinen letzten Arbeitsschritten im Büro und muss noch hier ankommen.«

Dieses Stimmungsbild trägt zur emotionalen Stabilität bei, weil die Mitglieder voneinander zum Beispiel erfahren können, wie viele Ressourcen für die anstehende Sitzung zur Verfügung stehen, ob es private oder berufliche Belastungen gibt, die die Befindlichkeit beeinflussen. An dieser Stelle bietet sich auch die Gelegenheit, dass Ratsuchende, deren Fall in vergangenen Sitzungen besprochen wurde, über die weitere Entwicklung dieser Situation berichten.

Fälle sammeln und auswählen

Zunächst ist jeweils zu klären, wer einen Fall einbringen möchte (Rolle der Ratsuchenden). Dazu sollten die jeweiligen Personen in wenigen Sätzen den Fall skizzieren. Wenn mehrere Fälle benannt werden, muss geklärt werden, welcher zuerst bearbeitet werden soll. Mögliche Kriterien für die Entscheidung sind:
- zeitliche Dringlichkeit der Problemlösung,
- gefühlte Anschlussfähigkeit des Themas für die anderen Gruppenmitglieder,
- gerechte Verteilung in Bezug auf die Häufigkeit der Falleinbringung einer Person.

Sofern geplant ist, bei der Fallbearbeitung alle im Folgenden dargestellten Schritte zu durchlaufen – und dies sollte eher die Regel sein –, sollten circa 60 bis 90 Minuten pro Fall einschließlich der Reflexionsphase eingeplant werden. Wie schon erwähnt, kann aber – insbesondere nach einer gewissen Einübung in das Vorgehen – davon abgewichen werden, indem nur ausgewählte Schritte bearbeitet werden.

Rollen verteilen

Als nächstes sollte geklärt werden, wer für einen vorliegenden Fall die Moderation übernimmt. Diese Person kann dann sofort die Aufgabe für den weiteren Prozess übernehmen. Danach folgt die Wahl der protokollierenden Person, gegebenenfalls des Zeitwächters und der Prozessbeobachterin. Dabei ist je nach Gruppengröße zu überlegen, ob von einigen Gruppenmitgliedern zwei Rollen übernommen werden sollen (z. B. Protokollant und Zeitwächter). Alle Rollen sollten nach jeder Fallbesprechung (sofern mehrere in einer Sitzung vorgesehen sind) wechseln.

4.2.2 System und Muster identifizieren

Schilderung des Falls auf kognitiver, emotionaler und verhaltensbezogener Ebene

Der Moderator bittet die Ratsuchende, die aktuelle Ist-Situation des Falls zu schildern und – sofern für das Verständnis erforderlich – deren Entstehung. Die Ratsuchende sollte möglichst auch eine konkrete, für den Fall typische Situation beschreiben. Diese Schilderung sollte nicht bewertend, sondern beschreibend erfolgen. Statt »Mein Vorgesetzter ignoriert immer meine Vorschläge« also zum Beispiel »Ich hatte ein Gespräch mit meinem Vorgesetzten und trug ihm eine Projektidee vor. Er ging aber nicht darauf ein«.

Bei der Darstellung sollten sowohl die an der Situation beteiligten Personen als auch der organisationale oder sonstige Kontext charakterisiert werden. Darüber hinaus sollte die Ratsuchende neben der sachlichen Beschreibung auch ihre Gedanken, Gefühle und Verhaltensweisen schildern, die die Situation bei ihr auslöst.

Die Ratsuchende sollte Informationen zum Fall für die Gruppe visualisieren, zum Beispiel die beteiligten Personen oder Subsysteme. Dies kann durch Zeichnen auf einem Flipchart oder Ähnlichem geschehen oder mithilfe von Moderationskarten auf einer Pinnwand, am besten mit Kürzeln für die Namen der Beteiligten, deren Funktion, Geschlecht und Einflussstärke. Moderationskarten bieten den Vorteil, dass sie sich während der Schilderung noch verschieben lassen. Im Rahmen einer Live-Online-Sitzung stehen entsprechende digitale Medien zur Verfügung wie ein Whiteboard, auf dem gezeichnet wird, oder ein Protokollbogen, auf dem Stichworte erfasst werden. Durch die Visualisierung sind wichtige Informationen für alle Beteiligten während des gesamten Prozesses sichtbar und damit transparent. Die Visualisierung stellt zudem einen kreativen Akt dar, der manchmal schon auf mögliche Lösungen hinweist (Patrzek u. Scholer, 2018, S. 53). Nur der Moderator kann bei stockendem Gesprächsfluss Impulsfragen stellen.

Beispiele:
- »Worum geht es? Was ist das Anliegen/Thema/Problem?«
- »Wie hat sich die Situation entwickelt?«
- »Was haben Sie bisher schon versucht, um die Situation zu verändern, und welche Konsequenzen haben diese Bemühungen ausgelöst?«
- »Wie würden Sie Ihre Rolle in der Situation beschreiben?«

- »Welche internen und externen Faktoren haben Einfluss auf die Situation?«
- »Welche Gefühle löst die Situation bei Ihnen aus?«

Zur Realisierung dieses Wirkprinzips eignen sich auch komplexere Visualisierungsmethoden, insbesondere systemische Modellierungen der Ausgangssituation im Sinne der Konstruktion eines Netzwerkes von unterschiedlichen Einflussfaktoren und den daraus resultierenden Mustern. Auch die Methode des Inneren Teams oder eine System-Struktur-Zeichnung können dazu eingesetzt werden (s. zu den Methoden Kapitel 6.2).

Formulierung der Fokus-Frage
Zum Abschluss der Fallschilderung sollte die Ratsuchende möglichst in einem Satz zuspitzen, welchen Aspekt genau sie in dieser Sitzung mit der Gruppe klären möchte. Dieser sollte positiv und als Ich-Botschaft formuliert werden. Statt »Wie kann ich meinen nervigen Mitarbeiter ertragen?« könnte »Wie gelingt es mir, eine vertrauensvolle und tragfähige Beziehung zu meinem Mitarbeiter aufzubauen?« eine bessere Formulierung sein. Eine solche Fokus-Frage trägt dazu bei, dass sich die Gruppe auf einen Aspekt konzentriert und nicht zu viele verschiedene auf einmal zu bearbeiten versucht. Letzteres würde die Gruppe und das Setting überfordern. Hilfreich kann es auch sein, die Situation am Ende der Schilderung mit einer Metapher oder einem Bild zusammenzufassen. Die Beratenden hören bis zu diesem Punkt zu, unterbrechen nicht, machen sich gegebenenfalls Notizen.

Rückfragen der Beratenden zur Situationsschilderung
In einem nächsten Schritt können die Beratenden zunächst Rückfragen zum Verständnis der geschilderten Situation stellen. Daraus sollte an dieser Stelle jedoch noch keine Diskussion entstehen und vor allem sollten die Beratenden noch keine Lösungen anbieten.

Formulierung von Hypothesen der Beratenden
Im Sinne eines systemischen Vorgehens werden in einem nächsten Schritt von den Beratenden Gesprächsimpulse zu Zusammenhängen, Einflussfaktoren und möglichen Mustern sowie Hypothesen zum Fall formuliert. Diese können sich auf inhaltliche Aspekte beziehen, auf intrapsychische, interaktionelle oder auf Kontextfaktoren und sollen einen Perspektivenwechsel anregen. Hilfreich sind dafür Gesprächsimpulse, wie sie in Kapitel 6.1 vorgestellt werden, zum Beispiel zirkuläre Fragen, ein Reframing der Situation oder eine positive Konnotation des Verhaltens oder der Einstellungen des Ratsuchenden. Es ist hilfreich, wenn

Hypothesen oder sonstige Gesprächsimpulse positive Beschreibungen enthalten und auf Ressourcen verweisen, zukunftsgerichtet formuliert werden (d. h. sich auf das konzentrieren, was neu gestaltet werden kann) sowie den Gesamtkontext beleuchten. Es geht nicht darum, die »richtige« Hypothese oder Erklärung zu finden, sondern möglichst viele anzubieten. Auch zu diesem Zeitpunkt sollen noch keine Lösungsmöglichkeiten formuliert werden. Mögliche Impulsfragen:
- Welche internen und externen Faktoren beeinflussen die Situation positiv, welche negativ?
- Welche Stärken/Ressourcen/Kompetenzen der Beteiligten zeigen sich in der Situation (wenn auch nur ansatzweise)?
- Lassen sich Zusammenhänge entdecken (intrapsychische, interaktionelle, institutionelle oder gesellschaftliche Muster/Regelhaftigkeiten des Denkens, Erlebens und Verhaltens)?

In dieser Phase hört die Ratsuchende zu, unterbricht die Impulse der Beratenden nicht und kommentiert sie auch nicht. Eine Möglichkeit, um dieses Setting zu unterstreichen, besteht darin, dass die Ratsuchende in dieser Phase aus dem Stuhlkreis heraustritt und sich die Hypothesen quasi aus einer Außenperspektive anhört (Patrzek u. Scholer, 2018, S. 63).

Kommentierung der Annahmen
Nach der Sammlung von Hypothesen bzw. Annahmen durch die Beratenden fordert der Moderator die Ratsuchende auf, Stellung zu den Hypothesen zu beziehen (die Ratsuchende kehrt ggf. dazu in den Kreis zurück). Die Ratsuchende kann neben der verbalen Kommentierung die von den Beratenden formulierten Hypothesen und Ideen auch formal bewerten. Dies kann zum Beispiel durch »+« (Zustimmung), »0« (unsicher) oder »–« (Ablehnung) geschehen oder durch eine Bewertung der Annahmen auf einer Skala von 1 bis 10. Der Moderator bittet die Ratsuchende abschließend, ein bis drei Punkte zu benennen, die bei ihr den größten »Aha-Effekt« ausgelöst haben. Die Kommentierung der Ideen der Beratenden löst bei der Ratsuchenden reflexive Prozesse im Hinblick auf ihr Denken, ihre Gefühle und ihr Verhalten aus.

4.2.3 Ziele und Erfolgsfaktoren formulieren

Finden möglicher Ziele
In einem nächsten Schritt benennen die Beratenden via Brainstorming mögliche Ziele, auch anzustrebende Muster. Es werden bewusst zunächst die Beratenden eingeladen, Ziele zu benennen, weil die Ratsuchende möglicher-

weise in ihren bisherigen Überlegungen gefangen ist und die Beratenden offener und unbelasteter Ziele formulieren können. Der Moderator ermutigt zu zahlreichen Beiträgen, denn »alles« an Beiträgen ist erlaubt. Dabei können sich die Impulse des Moderators auf folgende Punkte richten, um die Beratenden zu möglichst differenzierten Beiträgen anzuregen:
- Ziele durch die Formulierung von Teil- und Zwischenzielen zu konkretisieren,
- eine Abwägung zwischen verschiedenen Zielen im Hinblick auf die Dringlichkeit bzw. Wichtigkeit durchzuführen,
- sich gegenseitig ausschließende Ziele aufzudecken,
- Ziele nicht als Angabe von nicht erwünschten oder zu vermeidenden Zuständen, sondern als Vorstellungen über den erwünschten Zustand zu formulieren,
- die Kontextbedingungen der angestrebten Ziele zu berücksichtigen,
- Neben- und Folgewirkungen der formulierten Ziele abzuwägen.

Kommentieren möglicher Ziele

Die Ratsuchende kommentiert nach Abschluss der Sammlung die vorliegenden Zielformulierungen und stellt einen Bezug der Ziele zum Selbstkonzept (z. B. berufliche Überzeugungen, Life-Work-Balance) her. Mögliche Frageimpulse der Moderatorin:
- »Was ist für Sie relevant und bedeutsam?«
- »Welches Ziel bzw. welche Ziele sind stimmig in Bezug auf Ihr Selbstkonzept (z. B. die beruflichen Überzeugungen)?«
- »Welche Muster erscheinen Ihnen attraktiv?«

In dieser reflexiven Phase kann auch auf die unterschiedlichen, in Kapitel 3 erläuterten Lernniveaus zurückgegriffen werden, indem geprüft wird, ob die Ziele auf der Ebene der Verhaltensänderung liegen oder auf der Ebene der Einstellungen und Normen.

Erfolgsfaktoren identifizieren

Bei diesem Schritt geht es um die Identifikation von Erfolgsfaktoren, die durch die Ratsuchende beeinflussbar sind und die Veränderung (von Mustern) unterstützen können. Dazu zählen
- persönliche Ressourcen,
- interne Einflussfaktoren (Vertrauen, Mut, Selbstwirksamkeit, Neugier oder auch Sorgen, Ärger oder Ohnmacht),
- externe Einflussfaktoren (z. B. Arbeitsbedingungen, Personen wie Familie, Freunde, Kolleginnen, Arbeitssituation, Arbeitsmarktsituation).

Bei der Sammlung von Erfolgsfaktoren sollte die Ratsuchende starten, die Beratenden können unterstützen, indem sie weitere Vorschläge formulieren, die die Ratsuchende akzeptieren oder verwerfen kann. Impulsfragen des Moderators könnten sein:
- »Welche Erfolgsfaktoren sollten stärker/schwächer werden, damit neue Muster entstehen?«
- »Welche Ressourcen (kognitive, emotionale, verhaltensbezogene) stärken Ihre Veränderungsmotivation?«
- »Welche Rahmenbedingungen (z. B. materielle, kulturelle, organisationale) können die Veränderungsmotivation stärken?«
- »Welche Faktoren können Sie selbst beeinflussen?«

4.2.4 Lösungswege sammeln

Sammlung von Lösungswegen durch Beratende
In diesem Schritt geht es darum, Wege zu benennen, die zur Erreichung der im vorigen Schritt erarbeiteten Ziele beitragen können. Um für die Ratsuchende wiederum die Vielfalt an Möglichkeiten zu erhöhen, sammeln zunächst die Beratenden mögliche Lösungswege auf der Basis von Expertenwissen oder persönlichen Assoziationen. Gegebenenfalls kann die Ratsuchende für diesen Zeitraum wieder die Runde verlassen, um die Außenperspektive gut einnehmen zu können. Für die Sammlung von Wegen können die folgenden Frageimpulse hilfreich sein:
- »Welche Schritte, Aktivitäten, Initiativen können auf dem Weg der Zielerreichung von Nutzen sein?«
- »Welche ›kleinen‹ Experimente könnten gestartet werden, um neue Wege zum Ziel zu entdecken?«
- »Werden durch die geplanten Schritte neue Perspektiven und Erfahrungsmöglichkeiten eröffnet, wenn ja, wie oder wodurch?«
- »Besteht eine angemessene Balance zwischen einer zu detaillierten und einer zu vagen Planung?«

Kommentierung der Lösungswege durch die Ratsuchende
Anschließend reflektiert die Ratsuchende die vorgeschlagenen Lösungswege, indem sie dazu Stellung bezieht. Sie kann diese sowohl verbal als auch mit »+«, »0« oder »–« kommentieren oder auf einer Skala von 1 bis 10 bewerten. Auch hier ist es hilfreich, das Augenmerk wieder darauf zu richten, ob die Lösungswege auf eine Veränderung von Einstellungen, Emotionen oder Verhalten (oder mehreres davon) abzielen. Dabei ist in Erinnerung zu rufen, dass es gerade bei komplexen

Situationen wichtig ist, sich auf vorläufige, kleinschrittige, eventuell später noch zu revidierende Lösungsschritte zu fokussieren (s. Kapitel 3.2). Im Anschluss an diese Bewertung sollte die Ratsuchende nach Möglichkeit ein bis drei aus ihrer Sicht am besten passende Lösungswege auswählen und diese Wahl begründen.

4.2.5 Umsetzung und Musterbrechung fördern

Dieser Schritt – ebenso wie der nächste – lässt sich im Rahmen einer einmaligen kollegialen Beratungssitzung nur antizipieren. Es kann allerdings in einer späteren Sitzung über die reale Entwicklung berichtet werden. Daher wird vorgeschlagen, dass die Ratsuchende in Form »lauten Sprechdenkens« *(Thinking aloud)* die ausgewählten Lösungswege in Handlungsszenarien überführt. Impulsfragen des Moderators dazu könnten lauten:
- »Was werden Sie verstärken oder neu beginnen?«
- »Was werden Sie beibehalten, jedoch unter einer neuen Betrachtungsweise (Perspektivwechsel)?«
- »Was werden Sie beenden oder weniger tun?«
- »Was wird dies konkret für die kommenden Tage/Wochen/Monate bedeuten?«

Bei der geplanten Umsetzung von Lösungswegen ist es wichtig, die Effekte des Handelns mit ihren möglichen Nebenfolgen in den Blick zu nehmen, nicht nur den als am dringlichsten wahrgenommenen Aspekt zu bearbeiten, sondern den Gesamtkontext im Auge zu behalten, mögliche Veränderungen des Kontextes während der Umsetzung zu antizipieren sowie mögliche Zwischenerfolge zu benennen.

4.2.6 Auswertung und Transfer ermöglichen

Die Ratsuchende formuliert perspektivisch in Form lauten Sprechdenkens mögliche Ergebnisse des Veränderungsprozesses und neue Muster. Beratende sollten bestenfalls wertschätzend kommentieren. Auch dieser Schritt kann in einer späteren Sitzung bearbeitet werden, wenn reale Erfahrungen vorliegen. Impulsfragen der Moderatorin könnten sein:
- »Wenn Sie die neuen Umsetzungsschritte gehen werden, woran erkennen Sie, dass sie in die richtige Richtung führen?«
- »Wie wird es Ihnen dann ergehen und was werden Sie hinzugewinnen?«
- »Wird sich das neue Muster (des Denkens, Fühlens/Erlebens oder Verhaltens) aus jetziger Sicht auf andere Situationen übertragen lassen?«

– »Inwiefern könnten die gewonnenen Impulse hinsichtlich des Denkens, Fühlens/Erlebens und Verhaltens für andere Fragestellungen oder Situationen von Nutzen sein?«

4.3 Gestaltungselement: Prozessreflexion

Eine gemeinsame Reflexion des Beratungsprozesses bietet eine gute Grundlage, sich zum einen über das Erlebte auszutauschen, es damit in der Gruppe transparent zu machen, um auf dieser Basis die Gestaltung weiter zu verbessern. Zum anderen können gewonnene Lernerfahrungen auch auf andere Gruppenprozesse (z. B. in der eigenen Organisation) übertragen werden. Bei der Prozessreflexion lassen sich die folgenden zwei Aspekte unterscheiden: Als Einstieg in die Reflexionsphase bietet sich ein *Sharing* an, das heißt eine Reflexion der Gruppenmitglieder, was die Fallbearbeitung bei ihnen ausgelöst hat. Daran anschließen sollte sich eine gemeinsame Reflexion des Beratungsprozesses, insbesondere im Hinblick auf die Umsetzung der Wirkprinzipien.

Sharing der Gruppenmitglieder: Bei diesem Aspekt geht es darum, dass die Gruppenmitglieder (außer Ratsuchende) die Gelegenheit erhalten, zu reflektieren, ob sie ähnliche Erfahrungen wie die Ratsuchende gemacht haben oder gegenteilige, zum Beispiel im Hinblick auf die bearbeitete Thematik, Lösungsschritte, Unterstützungsfaktoren oder Hindernisse, persönlichen Gedanken und Gefühle, Analogien? Eine Impulsfrage des Moderators könnte lauten: »Was hat die Fallbesprechung im Hinblick auf das bearbeitete Thema bei Ihnen ausgelöst?«

Reflexion des Gruppenprozesses: In einem zweiten Schritt geht es darum, sich darüber auszutauschen, wie die einzelnen Gruppenmitglieder den Prozess der Beratung erlebt haben. Als Bezugspunkte für diese Reflexion dienen vor allem die Wirkprinzipien, die als Gelingensfaktoren definiert wurden. Eine Grundlage hierfür bietet der *Leitfaden Prozessreflexion* (im Anhang und im Onlinematerial), wobei auch darüberhinausgehende Aspekte situativ zum Gegenstand der Reflexion gemacht werden können. Beim Einsatz des *Leitfadens Prozessreflexion* sind unterschiedliche Vorgehensweisen denkbar:
– Wurde die Rolle eines Prozessbeobachters besetzt, so kann dieser seine Notizen auf der Basis des *Leitfadens Prozessreflexion* vortragen.
– War die Rolle des Prozessbeobachters nicht besetzt, so kann der Leitfaden vollständig von allen Beteiligten ausgefüllt werden.

- War die Rolle des Prozessbeobachters nicht besetzt, so kann die Moderatorin auch alle darin enthaltenen Aspekte zum Gegenstand der Diskussion machen oder gemeinsam mit den Gruppenmitgliedern Aspekte der Prozessreflexion auswählen, die gerade als besonders relevant wahrgenommen werden.
- Ebenso denkbar ist der offene Dialog zu den subjektiven Eindrücken, ohne den Leitfaden strukturiert zu bearbeiten.

Wichtig ist in jedem Fall, dass im Anschluss an die Sammlung von Eindrücken der Gruppenmitglieder im Sinne des Reflexionskonzepts ein Austausch über die getätigten Einschätzungen der Beteiligten zur Umsetzung der Wirkprinzipien stattfindet. Anschließend sollten daraus praktische Konsequenzen im Hinblick auf mögliche Veränderungs- bzw. Verbesserungsideen erarbeitet und festgehalten werden.

4.4 Gestaltungselement: Prozesserfassung

Prozesserfassung ist, wie zu Beginn dieses Kapitels erwähnt, neben den Wirkprinzipien und der Reflexion das dritte Gestaltungselement des Heidelberger integrativen Prozessmodells. Die systematische Erhebung von Daten kann zum Beispiel mittels Mitschriften oder Visualisierungen sowie Fragebögen oder Interviews erfolgen. Dies ist für eine sorgfältige Vorbereitung, Durchführung und Nachbereitung kollegialer Beratungsprozesse wünschenswert. Inhaltliche sowie methodische Aspekte während einer Beratung zu erfassen, stärkt die strukturelle, psychologische und kommunikative Stabilität der Ratsuchenden sowie der kollegialen Beratungsgruppe. Dokumentierte Fallbeschreibungen können im Nachgang einer weiteren Untersuchung unterzogen werden und damit wiederum für eine sorgfältige Vorbereitung einer zukünftigen Beratung dienen.

Prozesserfassung kann im Zeitraum der Kollegialen Beratung selbst und nach der Kollegialen Beratung bzw. zwischen den Beratungstreffen erfolgen. Sie ermöglicht es, entweder Impulse für das Denken, Erleben und Handeln des Ratsuchenden oder für die produktive Weiterentwicklung der Beratungsgruppe zu setzen. Diese Aspekte werden im Folgenden weiter erläutert.

4.4.1 Prozesserfassung für die Lerngeschichte der Ratsuchenden

Einen Ansatz zur systematischen Dokumentation der Fallbearbeitung stellt der Beitrag einer Protokollantin dar. Dieser sichert während der kollegialen Beratungssitzung, dass mittels eines *Protokollbogens* (im Anhang und im Onlinematerial) und mittels Skizzen und Mitschriften (z. B. auf Flipcharts) die wesentlichen Befunde festgehalten werden. Die Protokollierung unterstützt zum einen den Gesprächsverlauf während der Sitzung, da die Erkenntnisgewinne in Echtzeit sichtbar werden, und zum anderen ermöglicht sie den Ratsuchenden, die Dokumente nach der Beratung persönlich weiterzuverwenden.

Im Nachgang zur Kollegialen Beratung gilt es für die Ratsuchenden, die gewonnenen Impulse im Alltag umzusetzen und das Gelingen dieser Umsetzung zu reflektieren. In einem idealtypischen Verlauf finden in dieser Phase Ordnungsübergänge statt, im Sinne der Synergetik die Wechsel von ungünstigen hin zu günstigeren Mustern. Die Reflexion der Umsetzung kann zum Beispiel durch das Führen eines *Lern-Tagesbuchs* oder webgestützt mittels einer Software wie dem *Synergetischen Navigationssystem* (www.ccsys.de) erfolgen. Letztere birgt die Möglichkeit, die Einträge in Fragebögen in einer Datenbank zu erfassen. Anhand der so entstehenden Zeitreihen lassen sich Umsetzungserfolge, -blockaden und Ordnungsübergänge sichtbar machen. Diese Visualisierung wiederum kann als verstärkendes Feedback im Sinne eines Erfolgsfaktors auf den Ratsuchenden zurückwirken.

4.4.2 Prozesserfassung für die Lerngeschichte der kollegialen Beratungsgruppe

Die Prozessbeobachterin betrachtet während der Beratung die Realisierung der prozessbezogenen Wirkprinzipien. Dies erfolgt mittels des *Leitfadens Prozessreflexion* (im Anhang und im Onlinematerial).

Des Weiteren lassen sich Erkenntnisgewinne für die kollegiale Beratungsgruppe anhand von Instrumenten, die aus dem Wissensmanagement bekannt sind, verfügbar machen. Wikis oder Webblogs können als interaktiver und der Öffentlichkeit zugänglicher Wissensspeicher genutzt werden, um Arbeitshilfen und Praxisberichte aus dem eigenen Erleben als *lessons learned* zu hinterlegen. Für die Gruppe selbst, die als geschlossene Nutzergruppe auch vertrauliche Informationen austauschen oder hinterlegen will, bieten Social-Learning- oder Kollaborations-Plattformen die Gelegenheit, Dokumente zu speichern, mittels Chats oder internen Konferenzsystemen zu interagieren und so auch zwischen Beratungstreffen in Kontakt zu bleiben. Dies kann zur Kohäsion und Funktionalität der Gruppe einen wichtigen Beitrag leisten.

In Tabelle 3 sind die unter 4.4.1 und 4.4.2 eingeführten Dimensionen, Rollenbeschreibungen und Instrumente einer Erfassung kollegialer Beratungsprozesse dargestellt.

Tabelle 3: Dimensionen, Rollenbeschreibungen und Instrumente der Prozesserfassung

Dimensionen	Kollegiale Beratung	Umsetzungsreflexion
Ratsuchende*r	- Protokollant*in - Instrument: Protokollbogen	- Ratsuchende*r - Instrument: Lern-Tagebuch, Synergetisches Navigationssystem
Kollegiale Beratungsgruppe	- Prozessbeobachter*in - Instrument: Leitfaden zur Prozessreflexion	- Instrument: Applikationen des Wissensmanagements (Wiki, Webblog etc.), Synergetisches Navigationssystem

4.4.3 Prozesserfassung als Basis zur Erforschung Kollegialer Beratung

Das Gestaltungselement Prozesserfassung des Heidelberger integrativen Prozessmodells hat nicht nur für die Ratsuchenden und für die kollegiale Beratungsgruppe eine zentrale Bedeutung, sondern kann auch wesentlich sein für Forschungsvorhaben, die die Effekte und Gelingensbedingungen Kollegialer Beratung als Untersuchungsgegenstand haben. So können zum Beispiel für das empirische Beforschen der Wirkungen Kollegialer Beratung die Protokollbögen qualitativ-inhaltsanalytisch ausgewertet werden. Für die Phase nach der Beratung stehen im Rahmen der webbasierten Software *Synergetisches Navigationssystem* quantitative Methoden zur Verfügung, die die Werte der Zeitreihen visualisieren.

Für die Wirkungsforschung auf Gruppenebene sind vergleichbare Maßnahmen wie auf der Ebene des Ratsuchenden anwendbar. Protokollantinnen und Prozessbeobachter bearbeiten den Protokollbogen zur Erfassung der Beratungsinhalte bzw. den *Leitfaden Prozessreflexion,* um realisierte Wirkprinzipien zu dokumentieren. Beide Instrumente können qualitativ-inhaltsanalytisch ausgewertet werden. Ebenfalls sind strukturierte Interviews mit den Beteiligten denkbar. Für die Untersuchung von Effekten der Gruppenbildung und -qualität können quantitative Methoden eingesetzt werden, wie zum Beispiel Input-/Outputmessungen mit dem FAT-Fragebogen (Mojzisch, 2007) oder Prozessmessungen mittels der SNS-Interaktionsmatrix (Goditsch, Schiepek, Aichhorn u. Aas, 2017; Eberling u. Dörhöfer, 2009), um Effekte von Gruppenkohäsion, psychologischer Stabilität oder Resonanz zu erforschen.

5 Kollegiale Beratung als Live-Online-Setting

Der erste Teil des Kapitels beleuchtet die unterschiedlichen Anforderungen an Beratungshandeln in einem Vor-Ort- und einem Live-Online-Setting und die jeweiligen Vor- und Nachteile. Des Weiteren werden Handlungsempfehlungen vorgestellt, die die Voraussetzungen und das Gestalten eines Live-Online-Settings fokussieren und alltagspraktische Hinweise bereithalten. Abschließend erfolgt eine zeitliche und methodische Empfehlung zur Ausgestaltung Kollegialer Beratung als Live-Online-Setting auf der Grundlage des in Kapitel 4 beschriebenen Beratungsprozesses.

5.1 Das Live-Online-Setting als Trend

Digitale Arbeits-, Lern- und Beratungsformen, obschon die Technik seit langem verfügbar ist, erfahren in den letzten Jahren eine starke Verbreitung (Engelhardt u. Engels, 2021, S. 11; Hörmann, 2020, S. 144). Onlineberatung findet heute in Form von Chatberatung, E-Mail- oder Videoberatung statt. Für die Ausgestaltung der Kollegialen Beratung ist das Setting der Videoberatung zu empfehlen, welches eine Form der Onlineberatung darstellt, bei der die Kommunikation zwischen den beratenden Personen und der ratsuchenden Person simultan über ein Videoübertragungssystem stattfindet und um Formen der textbasierten Kommunikation ergänzt werden kann (Engelhardt, 2018b, S. 120). Für ein Arbeits-, Lern- und Beratungssetting, das zeitgleich und räumlich verteilt unter Verwendung webbasierter Konferenzsysteme durchgeführt werden kann, erfährt der Begriff »Live-Online« eine gewisse Verbreitung (Schottler, 2022, S. 238). Solche Veranstaltungsformen sind heute vielfach Teil des beruflichen Alltags in Form von Teambesprechungen, Projekttreffen, Workshops oder Vorträgen. Auch für die Durchführung kollegialer Beratungsgruppen lässt sich ein solches Live-Online-Setting nutzen. Denn Kollegiale Beratung lebt von komplexen und simultan stattfindenden Interaktionsprozessen einer

Gruppe, die das Anliegen der Ratsuchenden aufnehmen und in Form kommunikativer Suchbewegungen hilfreichen neuen Lösungswegen zuführen. Hingegen ist das textbasierte Beratungssetting, wie das der E-Mail- oder der Chatberatung, bei all seinen Vorteilen (wie die Möglichkeit zur Anonymität und einer themen- und personenbezogenen Niedrigschwelligkeit; Reindl, 2018, S. 23) nicht oder nur unzureichend in der Lage, solche simultanen und komplexen Interaktionsmuster einer Gruppe abzubilden. Das Live-Online-Setting hingegen stellt mit technischer Unterstützung eine im Vergleich zum Vor-Ort-Setting ähnliche Simultanität her (Schottler, 2022, S. 223), denn es verfügt neben der textbasierten Kommunikation über weitere audio-visuelle Kanäle, die insgesamt der Multidimensionalität kollegialer Beratungsprozesse eher gerecht werden.

5.2 Begegnung gestalten – vor Ort und Live-Online

Gesellschaftliche Entwicklungen bringen immer auch Technikentwicklungen mit sich (Thiery u. Kreller, 2021, S. 1). Deshalb gilt es, für das Individuum Anpassungsprozesse zu leisten. Wenn die eigene Lerngeschichte und berufliche Sozialisation in Klassenzimmern und Büros erfolgten, kann ein Arbeits- und damit auch ein Beratungssetting – vor einem Bildschirm sitzend, um einerseits isoliert und andererseits doch gemeinsam mit anderen zu arbeiten – fremd oder nicht echt anmuten. Diese Sozialisation könnte mit dazu beitragen, dass sich Beratende auch heute noch schwer tun, Onlineberatung als gleichwertig zur gelernten Beratung in Kopräsenz zu betrachten (Hörmann, 2020, S. 143). Der Begriff *Kopräsenz* betont die raum-zeitliche Gleichheit des Settings vor Ort. Von *Präsenz* lässt sich bei einem Vor-Ort-Setting sowie bei einem Live-Online-Setting sprechen – Thiery und Kreller (2021, S. 2) unterscheiden hier die Präsenzvarianten der *Synchronizität* der Vor-Ort-Settings und der *Simultaneität* der Live-Online-Settings. Live-Online und vor Ort durchgeführte Veranstaltungen verfügen über eine Reihe an Gemeinsamkeiten, folgen jedoch auch unterschiedlichen Logiken und Dynamiken.

5.2.1 Gemeinsamkeiten und Unterschiede

Das Vor-Ort- sowie das Live-Online-Setting ermöglichen Begegnungen und reale Kontakte zwischen Menschen, denn auch das digitale Setting trägt zu einer gelingenden Beziehungsgestaltung bei, dies zeigen neuere Studien (Hörmann, 2020, S. 146). Videokommunikation ermöglicht grundsätzlich die gleiche Wahrnehmung non-, para- und extraverbaler Signale wie die Vor-Ort-Kommunikation (Bülow u. Kunner, 2021, S. 125), wenn auch im Einzelnen Unterschiede bestehen (Berninger-Schäfer, 2018, S. 32).

Das Vor-Ort- und das Live-Online-Setting lassen sich unterscheiden in Aspekten der *Sinneskanal-Reduktion,* der *Zugänglichkeit,* des *Prozessverlaufs,* der *Wahrnehmung* sowie in *Fragen technischer und organisatorischer Voraussetzungen*. Handlungsempfehlungen und Tipps für den Umgang mit folgend dargestellten Aspekten finden sich in Kapitel 5.3.

Sinneskanal-Reduktion

Eine Reduktion von sinnlichen Wahrnehmungskanälen findet statt, wenn aufgrund des begrenzten Videobildes nur ein Wirklichkeitsausschnitt gegeben (Engelhardt u. Engels, 2021, S. 12) und damit die Frage zu beantworten ist, wie das Fehlen sinnlicher Reize kompensiert werden kann (Berninger-Schäfer, 2018, S. 34). Übertragungsverzögerungen können die Effekte einer Reduktion zwischen Bild und Ton *(latency)* verstärken, sodass minimal gezeigte Mimik und Gestik unerkannt bleiben. Diese Verzögerungen erfordern ein mehr an Kommunikationsarbeit, wie Paraphrasieren oder das Verstärken durch Gesten (Bülow u. Kunner, 2021, S. 125).

Zugänglichkeit

Live-Online-Treffen erfordern für die Beteiligten deutlich weniger Aufwand als Treffen vor Ort, da keine räumlichen Distanzen zu überwinden sind. Die einzige Voraussetzung besteht in der Verfügbarkeit eines digitalen Endgerätes und einer Internetverbindung. Diese Zugänglichkeit trägt einerseits dazu bei, dass Interessierte leichter teilnehmen können, jedoch die Teilnahme auch mit erhöhter Unverbindlichkeit einhergehen kann (Engelhardt, 2018a, S. 133). Live-Online-Treffen sparen durch die Ortsunabhängigkeit Reisezeiten und -kosten, sodass eine kollegiale Beratungsgruppe auch über eine große Distanz hinweg aktiv sein kann. Dies ermöglicht Gruppenmitgliedern, auch mit unterschiedlichen persönlichen Lebenssituationen (z. B. bei Auslandsaufenthalten oder familiären Verpflichtungen) teilzunehmen (Kreller, 2022; Engelhardt, 2018b, S. 120). Physische Distanz schafft mitunter allerdings auch Raum für emotionale Distanz. Dies kann sich nachteilig in Form höherer Unverbindlichkeit auswirken oder auch als Vorteil verstanden werden. So kann beim Auftreten emotional belastender Themen für die Ratsuchende ein Wechsel in die schriftliche Kommunikation (Text-Chat) oder das Ausschalten der Kamera hilfreich sein. Aus dieser geschaffenen Distanz ist es im buchstäblichen Sinne leichter, sein Gesicht zu wahren (Bülow u. Kunner, 2021, S. 134).

Prozessverlauf

Der Beginn, der Verlauf und das Ende einer Videokommunikation stellen besondere Situationen dar. Vertraute Start- und Schlussrituale wie Smalltalk, moderierendes Hinein- und Herausbegleiten oder das Eintreten verspäteter Teilnehmender entfallen. Die Interaktion der Teilnehmenden im Verlauf eines Vor-Ort-Treffens vollzieht sich in der Regel nach bekannten Routinen und Kommunikationsmustern, zugeschriebenen Rollen und vereinbarten Normen. Hier benötigt Videokommunikation alternative Formen der Kontakt- und Interaktionsgestaltung (Schottler, 2022, S. 223). So sind zum Beispiel Momente des Innehaltens, des Nachdenkens und der Stille in einem Vor-Ort-Treffen gewohnte Ereignisse. Diese benötigen im Rahmen eines Live-Online-Settings jedoch eine bewusste Erlaubnis und Moderation, denn Stille kann hier jederzeit bedeuten, dass ein Mikrofon ungewollt stumm geschaltet ist oder die schwache Internetverbindung die Übertragung unterbricht (Kreller, 2022). Engelhardt (2018b, S. 121) legt dar, dass sich soziale Nähe auch auf die Distanz herstellen lässt und die gewohnte Gleichzeitigkeit auditiver, visueller und kinästhetischer Signale des Vor-Ort-Settings mit einer neuen Form von Gleichzeitigkeit kompensiert werden kann. Durch das wirksame Zusammenspiel zusätzlicher Softwarefunktionen wie Bildschirmfreigabe, Text-Chat oder Whiteboard kann eine erlebte Beteiligung und Nähe für die Teilnehmenden erfolgen. Dabei rückt der Videokanal in den Hintergrund, da die Wahrnehmung auf die verwendeten Funktionen fokussiert ist.

Wahrnehmung

Kommunikation und Wahrnehmung in einem Vor-Ort-Treffen erfolgen in synchroner Form. Der gleichzeitige Verlauf des gegenseitigen Wahrnehmens und des gegenseitigen Blickkontaktes in einem Live-Online-Setting jedoch erfolgt mittels einer Kamera – konkret durch das Betrachten eines Übertragungsbildes und dem Blicken in die Kameralinse. So kann zwar das Gegenüber wahrgenommen werden, sich jedoch ein direkter Blickkontakt nicht herstellen lassen (Bülow u. Kunner, 2021, S. 135). Für den Beziehungsaufbau sowie im systemischen Sinne für die Beobachtung des Gegenübers gilt es, dieses *eye-contact-dilemma* (wenn ich dich ansehe, sehe ich dich nicht an) zu berücksichtigen (Engelhardt u. Engels, 2021, S. 13). Die fehlende Möglichkeit des direkten Augenkontakts und die laufende Selbstbeobachtung durch das Betrachten des eigenen Videobildes können zu Irritationen und zu Ablenkungen führen. Des Weiteren ist zu beachten, dass das ständige Fixieren des Bildschirms, zeitliche Verzögerungen von Ton und Bild oder auch die Beeinträchtigung der Bild- oder Tonqualität für kognitive Ermüdung sorgen können und die Konzentration auf die eigentlichen Kommunikationsinhalte sinkt (Engelhardt, 2018b, S. 121). Dafür hat sich vor diesem Hintergrund der Begriff *zoom fatigue* herausgebildet (Thiery u. Kreller, 2021, S. 1).

Technische und methodische Aspekte

In einem Vor-Ort-Setting zeigen die Teilnehmenden vielfältige und oftmals gleichzeitig verlaufende Kommunikations- und Interaktionsmuster, wie die Abfolge von Redebeiträgen und -pausen oder die schnelle nonverbale Kommunikation über Blickkontakte verbunden mit handlungsleitenden Gesten. In einem Live-Online-Setting überbrückt hingegen ein technisch hergestelltes *Interface* die Ortsungleichheit der Teilnehmenden mit technischen Mitteln (PC, Videokonferenzsoftware und Internet). So wird das technische Medium gleichzeitig zu Mittel und Mitte des Geschehens (Thiery, 2018, S. 4). Das Live-Online-Setting erfordert eine entsprechende technische Ausstattung, die den gesetzlichen oder organisationsinternen Sicherheits- und Datenschutzstandards genügt. Es erfordert des Weiteren – will man Unwägbarkeiten und Stress vermeiden – eine andere Struktur in der Vorbereitung und Durchführung sowie ein Mehr an Medienkompetenz bei den Beteiligten in der sach- und adressatengerechten Nutzung von zum Beispiel Videobild, Chatfunktion, Handzeichen oder Whiteboards (Hausner, 2004, S. 27–28). Nicht zuletzt halten Webkonferenzsoftwares die Möglichkeit der Dokumentation von Treffen mittels Aufzeichnung bereit. So lassen sich anschließend für die Ratsuchenden die Identifikation von Mustern, die Entstehungsgeschichte der Ziele oder der Lösungsideen und Handlungsempfehlungen nachvollziehen. Für die Forschung können die Aufzeichnungen als Ausgangsmaterial für qualitative Inhaltsanalysen zur Verfügung stehen.

Tabelle 4: Begegnung gestalten – vor Ort und Live-Online

	Vor-Ort Setting	Live-Online-Setting
Sinneskanal-Reduktion	– Begegnung und reale Kontakte durch Ko-Präsenz	– Begegnung und reale Kontakte digital vermittelt – Reduktion aufgrund Videobild und Übertragungsverzögerungen *(latency)*
Zugänglichkeit	– Entstehen von Reisezeiten und -kosten	– Vermeidung von Reisezeiten und -kosten – Ortsunabhängige Treffen erleichtern Teilnahme – Förderung von Unverbindlichkeit der Teilnahme aufgrund physischer Distanz

	Vor-Ort Setting	Live-Online-Setting
Prozessverlauf	– Vertraute Start- und Schlussrituale eines Treffens existieren so wie Smalltalk, moderierendes Hinein- und Herausbegleiten oder das Eintreten verspäteter Teilnehmender.	– Vertraute Start- und Schlussrituale eines Treffens entfallen – Zusätzliche Softwarefunktionen wie Bildschirmfreigabe, Text-Chat oder Whiteboard stellen erlebte Beteiligung und Nähe her.
Wahrnehmung	– Kommunikation und Wahrnehmung erfolgen in synchroner Form.	– *Eye-contact-dilemma:* Gegenüber wird wahrgenommen, jedoch aufgrund der Kamera ohne direkten Blickkontakt – *zoom fatigue* durch fehlenden Augenkontakt, Selbstbeobachtung, Fixieren des Bildschirms sowie *latency*
Technische & methodische Aspekte	– Vielfältige und oftmals gleichzeitig verlaufende Kommunikations- und Interaktionsmuster	– Technische Ausstattung, die Sicherheitsstandards zu genügen hat – Struktur in der Vorbereitung und Durchführung des Treffens – Medienkompetenz bei den Beteiligten erforderlich

5.2.2 Implikationen für die Kollegiale Beratung

Ein Live-Online-Setting ist voraussetzungsreich – es bedarf praktischer Medienkompetenz, erweiterter Kommunikations- und Interaktionsgewohnheiten sowie die Beantwortung technisch-organisatorischer Fragen. Insbesondere für kollegiale Beratungsgruppen, deren Mitglieder nicht am gleichen Ort tätig sind oder aus unterschiedlichen Organisationen stammen, erscheinen die Vorteile der Verfügbarkeit und der Zugänglichkeit des Live-Online-Settings überzeugend. Diese Treffen können als Ergänzung zu bereits etablierten Vor-Ort-Treffen oder als eigenständige Veranstaltung gestaltet werden. Die Etablierung Kollegialer Beratung als Live-Online-Setting erfordert eine Einführungs- und Übungsphase. Neben den inhaltlichen und methodischen Aspekten des Formats der Kollegialen Beratung geht es um das Erleben und Aneignen der neuen und erweiterten audio-visuellen und textbasierten Kommunikationskanäle eines Live-Online-Settings, aber auch um das Vertrautwerden damit. Unter dieser Voraussetzung sind die Teilnehmenden gemeinsam in der Lage, die psychologische, kommunikative und strukturelle Stabilität der kollegialen Beratungsgruppe zu entwickeln, um so als Resonanzraum für einen gelungenen Beratungsprozess zu dienen.

5.3 Handlungsempfehlungen und Tipps

Im nachstehenden Abschnitt werden nun alltagspraktische Handlungsempfehlungen formuliert, die eine gelungene Einführung und Durchführung Kollegialer Beratung als Live-Online-Setting ermöglichen. Dabei geht es um Fragen der Technik und der Organisation, um Aspekte der Gestaltung des Beratungsprozesses, der Kommunikation und des methodischen Einsatzes von Webkonferenzsoftware-Funktionen. Die folgenden Tipps verstehen sich als Auswahl für eine gelingende Interaktion der Gruppe im Sinne einer Kollegialen Beratung auf Augenhöhe und ohne professionelle Unterstützung.

5.3.1 Tipps zur technischen und organisatorischen Vorbereitung

Nachstehende technische und organisatorische Tipps lassen sich festhalten (Engelhardt, 2018b, S. 122):
- *Check – Datenschutz:* Vor der Einführung Kollegialer Beratung ist zu klären, welche Standards an Datenschutz oder der beruflich bedingten Verschwiegenheitspflicht gelten und welche Software diese Standards erfüllt.
- *Check – IT-Sicherheit:* Des Weiteren sind Standards der organisationsinternen IT-Sicherheit zu klären. Nur so kann sichergestellt werden, dass die Applikation der Videokonferenzsoftware auf dem eigenen PC-Arbeitsplatz ordnungsgemäß installiert und betrieben werden kann.
- *Check – PC-System und Zubehör:* Ein Systemcheck vor jedem Treffen prüft die Funktionalität des Videokonferenzsystems, inklusive Audio- und Videoübertragung. Die Erfahrung zeigt, dass oftmals das Wechseln zwischen Videokonferenzsystemen zu Veränderungen in den PC-Einstellungen führen kann. Der Systemcheck vorab vermeidet unnötige Wartezeiten.
- *Arbeitsplatz:* Ein ruhiger Arbeitsplatz, der Hintergrundgeräusche und »Durchgangsverkehr« minimal hält, ist wichtig. Hilfreich ist es zudem, für eine gute Ausleuchtung des Raumes zu sorgen.
- *Ungestörtes Umfeld schaffen:* Dies gelingt unter anderem durch Aktivieren der telefonischen Rufumleitung und durch rechtzeitiges Informieren der Kollegen über die eigene Abwesenheit. Es ist zudem empfehlenswert, sich als Gruppe auf Störungen zu einigen, die nicht als Störung bewertet werden sollten, zum Beispiel, wenn die eigenen Kinder sich melden oder das Haustier durchs Videobild streift.
- *Funktion und Nutzung der Kamera:* Der von der Kamera erfassbare Hintergrund sollte neutral und reizarm sein, um Irritationen zu vermeiden. Hilfreich für die Wahrnehmung ist eine gute Ausleuchtung des Gesichts. Die

Kamera sollte so platziert werden, dass die Blickrichtung der Augen und die Kamera sich auf einer Linie befinden, um den Eindruck eines »Von-oben-Herabschauens« bzw. »Von-unten-Hinaufschauens« zu vermeiden.

5.3.2 Tipps zur Gestaltung des Beratungsprozesses

Trifft sich eine Gruppe Live-Online, so bringt dies zusätzliche prozessuale Anforderungen im Vergleich zu einem Vor-Ort-Setting mit sich (Engelhardt u. Engels, 2021, S. 16). Nachstehende Hinweise sind in diesem Zusammenhang zu beachten:
- *Informationen vor dem Treffen:* Eine zeitgerechte Terminkoordination und eine Einladung schaffen Transparenz und Verbindlichkeit. Inhaltlich sollten nachstehende Aspekte sichergestellt werden:
  - Termin und Dauer der Videokonferenz,
  - Zugangsdaten für die Einwahl in das Videokonferenzsystem,
  - benötigte technische Voraussetzungen (Rechner mit Internetanschluss, Webcam und Audioanschluss, ggf. Headset mit Mikro) und
  - Verhaltensabsprachen und Kommunikationswege bei technischen Schwierigkeiten.
- *Sich mit Softwarefunktionen vertraut machen:* Die ersten Treffen sollten dazu genutzt werden, dass sich Teilnehmende mit den Funktionen der Videokonferenzsoftware vertraut machen, sodass die fehlerfreie Anwendung im Beratungsprozess selbst gewährleistet ist, sonst wird schnell eine technische Nebensache zur störenden Hauptsache.
- *Formen des gemeinsamen Beginns und Endes:* Es empfiehlt sich, gemeinsame Start- und Endrituale zu finden, wie anfangs eine Fragerunde zu »Was war mein Highlight diese Woche?« oder die Frage vor dem Abschied: »Was werde ich mir heute noch Schönes gönnen?«
- *Pausengestaltung:* Das Live-Online-Setting erfordert ein hohes Maß an Konzentration. Deshalb sind regelmäßige Pausen wichtig. So sollte nach jeder Fallbearbeitung, sofern mehrere vorgesehen sind, eine Pause eingelegt werden. Die Pausenzeiten eines Vor-Ort-Settings eröffnen des Weiteren die Möglichkeit informeller Begegnungen. Diese unterliegen bei Live-Online-Treffen einem größeren Strukturzwang. Informelle Situationen können jedoch auch online gefördert werden. So können zum Beispiel Zeiten für einzelne Gruppenmitglieder eingeräumt werden, in denen sie von unterhaltsamen Begebenheiten aus dem (Berufs-)Alltag berichten oder »Fundstücke« aus dem Internet präsentieren. Eine Möglichkeit informelle Kommunikationssituationen zu schaffen, besteht in der Funktion der Gruppenräume, die in

der Videokonferenzsoftware integriert sein kann. So lassen sich für die Kaffeepause Zweiergruppen und damit neue Gesprächssituationen bilden. Ein Versuch, den Struktur- und Ortszwang von Videokonferenzen aufzulösen, wird auch in dem Bemühen einiger Caterer deutlich, spezifische Angebote für Online-Veranstaltungen zu unterbreiten. Kulinarische Komplettpakete werden den Teilnehmenden direkt nach Hause gesendet, um dann live und online in den einzelnen Küchen zubereitet zu werden.

– *Dokumentation sicherstellen:* Für die Dokumentation der Beratung gilt es, einen *Protokollbogen* (im Anhang und im Onlinematerial) zu erstellen und zu klären, ob die Veranstaltung aufgezeichnet werden soll. So können die Aufzeichnungen zu späterer Zeit unter anderem für Forschungszwecke genutzt werden.

5.3.3 Tipps zur Kommunikation

Einerseits bleiben weite Teile menschlicher Kommunikation und persönlicher Gesprächsführung auch in einem Live-Online-Setting erhalten (Engelhardt u. Engels, 2021, S. 17), gleichwohl sind insbesondere aufgrund der Sinneskanal-Reduktion und dem *eye-contact-dilemma* erweiterte oder anders gewichtete Strategien der Kommunikation und der Gesprächsführung zu entwickeln.

– *Treffen rechtzeitig starten und beenden:* Verzögerungen bei virtuellen Veranstaltungen wirken auf die Teilnehmenden wesentlich stärker als im Vor-Ort-Setting. Es ist empfehlenswert, bereits fünf bis zehn Minuten vor Beginn verfügbar zu sein und die Zeit mit Anwesenden für Aufwärmgespräche zu verbringen. Sollte sich der Beginn oder das Ende des Treffens – wenn auch nur um wenige Minuten – verzögern, ist es empfehlenswert, dies rechtzeitig anzusprechen.

– *Eigene Stimme und Ausdruck wahrnehmen:* Der Stimme und der Sprache kommt eine besondere Bedeutung zu. Die eigene Atmung (Intensität, Frequenz, Seufzen, Atem anhalten), die Sprechgeschwindigkeit, die Lautstärke, die Betonung einzelner Worte, unwillkürliche nicht-artikulierte Äußerungen (»ähm«), gesetzte Pausen oder auch die eigene Stimmlage prägen die Kommunikationsatmosphäre in der Gruppe (Berninger-Schäfer, 2018, S. 120).

– *Persönliche Ansprache:* Wählen Sie eine persönliche Ansprache, indem Sie die Teilnehmenden mit Namen ansprechen, sich selbst mit Ihren Gedanken und Emotionen zeigen und sich aktiv einbringen. Kommunikative Prozesse im virtuellen Raum benötigen mehr sichtbare Aktivitäten. Wie im Vor-Ort-Setting gilt: Übernehmen Sie Verantwortung für den Beratungsprozess, indem Sie aktiv eigene Beiträge einbringen. Nutzen Sie im Live-Online-

Setting dazu die verfügbaren Kommunikationskanäle wie Chat, Whiteboard, Sprachbeiträge, Emojis, Reaktionsmöglichkeiten (»Daumen hoch«) oder eigene Gesten vor der Kamera.
- *Präsenz zeigen:* Sie zeigen Ihre Präsenz und stärken damit den Gruppenprozess, indem Sie Ihre Kamera einschalten, sich stumm schalten (eigene Nebengeräusche werden unterdrückt), wenn Sie nicht sprechen und parallele Tätigkeiten vermeiden, wie das Lesen von E-Mails oder das Erkunden der Funktionalitäten der Videokonferenzsoftware. Für Beratungspausen oder Momente der Reflexion kann auch vereinbart werden, die Kamera auszuschalten (Bülow u. Kunner, 2021, S. 136–137).
- *Neue und eigene Kommunikationsrituale schaffen und nutzen:* Kommunikative Ersatzhandlungen können hilfreich sein, wie der Applaus als Zeichen der Wertschätzung nach einem Beitrag, entlehnt aus der Gebärdensprache. Dieser erfolgt über geöffnete Hände, aufrecht über die Schultern gehalten und sich schnell um die eigene Achse drehend. Oder ein Aktivieren der Teilnehmenden, indem alle für einen Moment aufstehen, um sich zu recken und zu strecken. Die eigene Bewegung zu spüren und die der anderen zu sehen, schafft eine neue Verbundenheit mit sich selbst und mit der Gruppe. So können aktivere Gesten oder das Wechseln des Bildausschnittes vor der Kamera die verbale Kommunikation unterstützen und fehlende Elemente wie körperliche Grußrituale oder der manchmal so wohltuende ermutigende Klaps auf die Schulter kompensieren.
- *Kommunikation bei technischen Störungen:* Als kollegiale Beratungsgruppe ist es hilfreich bereits im Vorfeld Vereinbarungen zu treffen, über welche Kommunikationskanäle Abstimmungen getroffen werden, sofern technisch bedingte Störungen während des Treffens auftreten.

5.3.4 Tipps zum Einsatz verfügbarer Softwarefunktionen

Webkonferenzsoftware verfügt über spezifische Funktionen und Applikationen, die in der Live-Online-Veranstaltung gleichzeitig verwendet werden können. Softwareplattformen einschlägiger Anbieter sowie plattformspezifische Funktionen werden an dieser Stelle nicht eingeführt, da die Plattformen je Anbieter einer großen Varianz und die Funktionalitäten der Plattformen selbst einer laufenden Weiterentwicklung unterliegen. In Anlehnung an Engelhardt und Engels (2021, S. 20) lassen sich folgende Standard-Funktionen einer Webkonferenzsoftware unterscheiden:

Text-Chat

Die textbasierte Chatfunktion (»chat« = engl.: »plaudern«) ermöglicht das personenbezogene (an einzelne Teilnehmende oder die moderierende Person gerichtete) wie das gruppenbezogene Senden und Empfangen von Textnachrichten. Ersteres kann für das Adressieren einer Frage genutzt werden oder zur persönlichen Abstimmung unter zwei Personen, ohne die ganze Gruppe mit dem Kommunikationsvorgang behelligen zu müssen. Letzteres ermöglicht einen textbasierten Dialog aller Teilnehmenden, der sich parallel zum oder als Antwort auf den inhaltlichen Beitrag der aktuell Redenden oder den gezeigten Inhalt entwickeln kann. Diese Parallelität kann in Teilen die Sinneskanal-Reduktion kompensieren, sodass sich die Aufmerksamkeit der kollegialen Beratungsgruppe nicht ausschließlich auf die Bild- und Tonübertragung konzentrieren muss.

Whiteboard

Ein Whiteboard ist eine digitale Tafel, auf der manuelle Zeichnungen oder Texte erstellt und frei bearbeitet werden können. Mit einer Importfunktion sind auch Bilder zu verwenden, sodass im Vorfeld erstellte Vorlagen als hilfreiche Arbeitsmittel eingesetzt werden können. So kann zum Beispiel eine Übersicht einzelne Arbeitsphasen oder einzelne Arbeitsschritte unterscheiden. Dies schafft Überblick für die Teilnehmenden und aktiviert die Gruppe, eigene Beiträge zu leisten. Es können auch Skalen oder andere Bewertungsformate eingesetzt werden, die durch alle Teilnehmenden gleichzeitig eingeschätzt und markiert werden. Im Rahmen eines offenen Dialoges können Moderierende wesentliche Inhalte in Echtzeit auf dem Whiteboard festhalten, was wiederum den Gesprächsfluss aktiviert, da das eben Gesagte für alle Teilnehmenden verfügbar ist.

Bildschirmfreigabe

Mit der Funktion Bildschirmfreigabe kann der eigene Bildschirm geteilt werden. Jegliche geöffnete PC-Anwendungen, zum Beispiel ein PDF-Dokument, kann so allen Teilnehmenden gezeigt werden. Sofern die Anwendung, wie in einem offenen Textdokument, bearbeitbar ist, kann es sinnvoll sein, dass die präsentierende Person den anderen Teilnehmenden das Recht einräumt das Dokument zu bearbeiten. Diese zeitgleiche Kollaboration aktiviert die Teilnehmenden, da alle an einer Aufgabe beteiligt sind. Sofern der PC-Arbeitsplatz mit mehreren Bildschirmen ausgestattet ist, unterscheidet die Software in der Regel zwischen der Möglichkeit eine einzelne Anwendung (Dokument) oder einen Bildschirm freizugeben. Letzteres bietet den Vorteil, dass ein Bildschirm genutzt werden kann für die Nutzung der Webkonferenzsoftware (Bedienelemente, Kamerabilder der Teilnehmenden, Text-Chat-Bereich) und der zweite Bildschirm für die zu teilenden Dokumente. Dank dieser Übersichtlichkeit lassen sich sowohl die Reaktion der Teilnehmenden sehen als auch zu teilende Dokumente öffnen. Ein weiterer Vorteil besteht in der Handhabbarkeit, denn es ist einfacher und schneller, alle zu teilenden Dokumente auf einem Bildschirm zu platzieren und diesen zu teilen, als das Teilen einzelner Dokumente jeweils immer wieder neu zu aktivieren und dann wieder zu deaktivieren.

5.4 Durchführung einer Live-Online Kollegialen Beratung

Die Durchführung Kollegialer Beratung für ein Vor-Ort-Setting wurde in Kapitel 4 dargelegt. In einem Live-Online-Setting sind der Ablauf des Beratungsprozesses sowie die inhaltliche Schwerpunktsetzung der prozessumfassenden und der prozessbezogenen Wirkprinzipien in gleicher Weise zu berücksichtigen. Die methodischen Elemente für das Live-Online-Setting sind zum einen die Kommunikationsbeiträge der Teilnehmenden, im Folgenden als *Einzelbeitrag* und als *Offener Dialog* konzipiert. Zum anderen sind es die unter 5.3.4 eingeführten plattformübergreifenden Funktionen wie *Text-Chat*, *Bildschirmfreigabe* und *Whiteboard* sowie darüber hinaus die Nutzung von *Vorlagen* (im Anhang und im Onlinematerial). Diese werden nachstehend in ihrer Anwendung im Rahmen des kollegialen Beratungsprozesses beschrieben.

5.4.1 Einzelbeitrag

Das methodische Element des Einzelbeitrages ist immer dann relevant, wenn der Beitrag einer Person und im Falle der Kollegialen Beratung der Beitrag des Ratsuchenden im Mittelpunkt steht. Sei es bei der Fallschilderung, der Formulierung der Fokus-Frage, dem Kommentieren der eingebrachten Hypothesen oder Lösungswege oder auch bei der Antizipation eigener neuer Muster und der Auswertung und des Transfers der Erkenntnisgewinne in weiterführende Kontexte. Die Einzelbeiträge der Ratsuchenden stehen im Rahmen des kollegialen Beratungsprozesses in dynamischer Wechselwirkung zu dem offenen Dialog der Gruppe. Die Beratenden der Gruppe treten jedoch auch als Einzelpersonen in Erscheinung. So finden Einzelbeträge ihre Anwendung im Rahmen der eingangs stattfindenden Befindlichkeitsrunde und im Sammeln der Fälle sowie in der abschließenden Auswertung des Beratungsprozesses als *Sharing* der einzelnen Gruppenmitglieder. Es hat sich bewährt, dass sich die zuhörenden Teilnehmenden stumm stellen und die Einzelbeiträge über Feedback-Funktionen des Systems (z. B. »Daumen hoch«) quittieren und via Handzeichen in der

Kamera oder durch entsprechende Meldefunktionen (z. B. »Hand heben«) des Systems eigene Beiträge anmelden.

5.4.2 Offener Dialog

In einem offenen Dialog stehen alle Gruppenmitglieder in einem Austausch. Deren Beiträge können und sollten sich aufeinander beziehen. Im besten Falle bildet der Dialog das gemeinsame Nachdenken und Wahrnehmen der Gruppe ab. Dieser Austausch bildet den Resonanzraum der kollegialen Beratungsgruppe. Den offenen Dialog gilt es bereits in der Einführungsphase der Kollegialen Beratung einzuüben, wenn es darum geht, die strukturelle, psychologische und kommunikative Stabilität in einer Gruppe herzustellen. Im kollegialen Beratungsprozess selbst ist der offene Dialog eingangs ein zentrales methodisches Element bei der Rollenverteilung, dem Sammeln und Auswählen der Fälle und im weiteren Verlauf der Beratung bei den Rückfragen der Beratenden, dem Formulieren von Hypothesen, dem Finden möglicher Ziele, dem Sammeln von Lösungswegen sowie der abschließenden Prozessreflexion. Auch hier gilt die Empfehlung, dass sich die je zuhörenden Teilnehmenden stumm schalten und via Handzeichen in der Kamera oder durch entsprechende Meldefunktionen des Systems ihre Beiträge anmelden. So kann nach Abschluss eines Beitrages der nachfolgende namentlich aufgerufen werden. In kleineren Gruppen kann die Stummschaltung und namentliche Nennung unterbleiben. Eine mögliche *latency*, Bild-Ton-Verzögerung, sollte jedoch immer in Betracht gezogen werden und kleine Anschlusspausen zwischen den Gesprächsbeiträgen eingelegt werden.

5.4.3 Text-Chat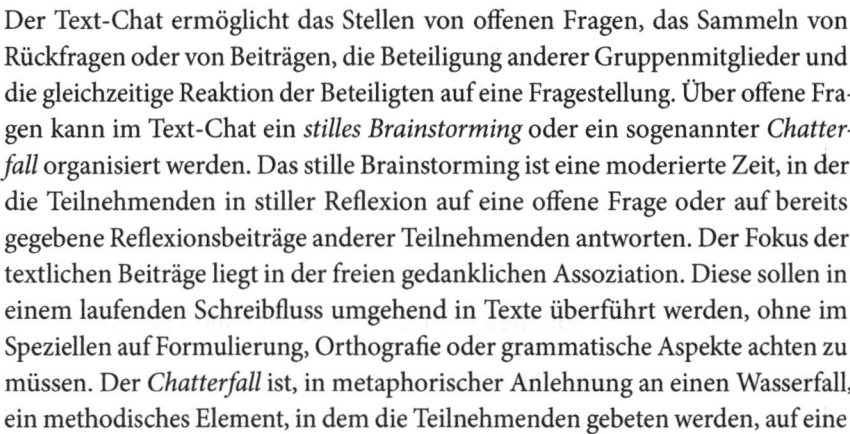

Der Text-Chat ermöglicht das Stellen von offenen Fragen, das Sammeln von Rückfragen oder von Beiträgen, die Beteiligung anderer Gruppenmitglieder und die gleichzeitige Reaktion der Beteiligten auf eine Fragestellung. Über offene Fragen kann im Text-Chat ein *stilles Brainstorming* oder ein sogenannter *Chatterfall* organisiert werden. Das stille Brainstorming ist eine moderierte Zeit, in der die Teilnehmenden in stiller Reflexion auf eine offene Frage oder auf bereits gegebene Reflexionsbeiträge anderer Teilnehmenden antworten. Der Fokus der textlichen Beiträge liegt in der freien gedanklichen Assoziation. Diese sollen in einem laufenden Schreibfluss umgehend in Texte überführt werden, ohne im Speziellen auf Formulierung, Orthografie oder grammatische Aspekte achten zu müssen. Der *Chatterfall* ist, in metaphorischer Anlehnung an einen Wasserfall, ein methodisches Element, in dem die Teilnehmenden gebeten werden, auf eine offene Frage mittels Text-Chat zu antworten. Jedoch sollten die Teilnehmenden nach der Eingabe des Textes in die Chat-Zeile die absendende Eingabe-Taste erst auf Kommando der moderierenden Person drücken. So erfolgt die Darstellung aller Textbeiträge wasserfallartig in schneller Abfolge im Chat-Fenster aller Beteiligten. Beide Elemente sind im Rahmen des kollegialen Beratungsprozesses, insbesondere bei der Hypothesenbildung, der Zielfindung und dem Sammeln von Lösungswegen, hilfreich. Die gegebenen Antworten können anschließend in einem offenen Dialog weitergeführt und aus dem Chat-Fenster in den Protokollbogen kopiert und damit weiterbearbeitet werden.

5.4.4 Whiteboard 🗆

Das methodische Element des Whiteboards als digitale Tafel ermöglicht das Visualisieren und Zusammenfassen von Inhalten. Dies gilt für den Beginn der Kollegialen Beratung, beim Sammeln von Fällen und weiterhin für den kompletten Verlauf des Beratungsprozesses. Die entstehenden Inhalte können mittels Whiteboard in Echtzeit dokumentiert und später als Bildprotokoll gespeichert werden. So kann der Ratsuchende den inhaltlichen Verlauf nachvollziehen – von der Fallschilderung, der Formulierung der Hypothesen und deren Kommentierung über das Finden und Kommentieren möglicher Ziele und Erfolgsfaktoren, wie auch über das Sammeln von Lösungswegen und dem Formulieren der Umsetzung bis hin zur Auswertung. Optional können dafür auch vorbereitete Vorlagen dienen.

5.4.5 Bildschirmfreigabe 🖥 und Vorlagen 📄

Die Bildschirmfreigabe ermöglicht das Teilen des eigenen Bildschirms. Hier können Ratsuchende bei der Fallschilderung zum Beispiel eigene Dokumente zeigen oder Vorlagen einsetzen, sodass die Teilnehmenden das Dokument einsehen oder bei entsprechender Berechtigung auch bearbeiten können. Ebenfalls steht der *Protokollbogen* (im Anhang und im Onlinematerial) als digitales Dokument zur Verfügung. So ist es möglich, während der Kollegialen Beratung gemeinsam an Dokumenten zu arbeiten, die den Beratungsverlauf visualisieren und anschließend den Ratsuchenden als Dokumentation des Beratungsprozesses zur Verfügung stehen.

5.4.6 Live-Online-Methodenelemente in der Kollegialen Beratung

Nachstehende Übersicht (s. Abb. 5) fasst den Einsatz der methodischen Elemente im Rahmen eines kollegialen Beratungsprozesses überblicksartig zusammen.

Durchführung einer Live-Online Kollegialen Beratung

| ● Einzelbeitrag | ▲ Text-Chat | ☐ Whiteboard |
| ♪ Offener Dialog | 🖥 Bildschirmfreigabe | ✎ Protokollbogen |

Prozessumfassende Stabilität schaffen

Strukturelle Stabilität

- Erwartungen & Bedenken
- Gemeinsame Ziele
- Organisatorische Rahmenbedingungen
- Rollen & Ablaufstruktur

Psychologische Stabilität

- Lern- & Veränderungsbereitschaft
- Vertrauen & Vertraulichkeit
- Verantwortung & Engagement
- Selbstwirksamkeit

Kommunikative Stabilität

- Wertschätzende Kommunikation
- Anschlussfähige Kommunikation
- Explorierende Kommunikation
- Zeitliche & prozessuale Resonanz

Prozessbezogene Stabilität schaffen

Befindlichkeitsrunde ● 🖥 ✎ | Rollen verteilen ♪ | Fälle sammeln und auswählen ● ♪

System & Muster identifizieren

- (R) Schilderung des Falles auf kognitiver, emotionaler und verhaltensbezogener Ebene ● ♪ ☐
- (R) Formulierung der Fokus-Frage ● ✎
- (B) Rückfragen der Beratenden ♪
- (B) Gesprächsimpulse & Hypothesen ● ☐ ✎
- (R) Kommentierung der Annahmen ● ☐ ✎

Ziele & Erfolgsfaktoren formulieren

- (B) Finden möglicher Ziele ♪ ▲ ✎
- (R) Kommentieren möglicher Ziele ● ☐ ✎
- (R) Erfolgsfaktoren identifizieren ● ☐ ✎

Auswertung & Transfer ermöglichen

- (R) Auswertung der Problemlösung ● ☐ ✎
- (R, B) Transfer der Problemlösung auf andere Situationen der Problemlösung ● ✎

Umsetzung & Musterbrechung fördern

- (R) Erfolgsversprechende Lösungsideen (attraktive Muster) mental in Handlungsszenarien überführen ● ☐ ✎

Lösungswege sammeln

- (B) Sammlung von Lösungswegen ♪ ▲ ☐ ✎
- (R) Lösungswege kommentieren ● ☐ ✎

Abbildung 5: Live-Online-Methodenelemente in der Kollegialen Beratung (R: Ratsuchende*r; B: Beratende)

Die Ausführungen zum Einsatz der methodischen Elemente sind exemplarisch zu verstehen. Sicherlich gibt es auch andere praktikable Varianten. Letztlich gilt es für alle Beteiligten von Live-Online-Settings, sich mit den methodischen, kommunikativen und technischen Funktionalitäten so vertraut zu machen, dass eine aus Vor-Ort-Settings gewohnte Selbstverständlichkeit der Kommunikation und Zusammenarbeit auch in dieses Setting Einzug hält.

6 Methodische Impulse

In diesem Kapitel werden methodische Impulse vorgestellt, die für die Ausgestaltung der Beratungsarbeit hilfreich sind und das systemische bzw. komplexitätsorientierte Vorgehen unterstützen. Dazu werden in Kapitel 6.1 unterschiedliche systemische Gesprächsfiguren präsentiert. In Kapitel 6.2 werden umfangreichere, für das komplexitätsorientierte Vorgehen typische Werkzeuge, und zwar das Innere Team, die System-Struktur-Zeichnung und die Systemmodellierung, vorgestellt.

6.1 Systemische Gesprächsfiguren

6.1.1 Theoretischer Kontext und Ziel

Wie bereits in Kapitel 3 erwähnt, existiert eine Vielzahl systemischer Ansätze mit unterschiedlichen theoretischen Bezügen. Die Entwicklung spezifischer systemischer Gesprächsformen lässt sich im Kontext früher Ansätze verorten. Eine wichtige Quelle stellt die Kommunikationstheorie dar, die von Forschenden am Mental Research Institute in Palo Alto (Kalifornien) entwickelt wurde. Zu den zentralen Begründern des kommunikationstheoretischen systemischen Ansatzes zählt Gregory Bateson, ein US-amerikanischer Psychologe, Biologe und Anthropologe. Zu der Forschergruppe stießen mit der Zeit weitere Personen hinzu, unter anderem der Österreicher Paul Watzlawick, der aus Argentinien stammende Salvador Minuchin und die US-Amerikanerin Virginia Satir. Watzlawick veröffentlichte zusammen mit Beavin und Jackson 1967 das Buch »Menschliche Kommunikation« (Watzlawick, Beavin u. Jackson, 2017). Der Schwerpunkt des dort vorgestellten Ansatzes liegt auf der Analyse beobachtbaren verbalen und nonverbalen Kommunikationsverhaltens. Auf diesen Arbeiten aufbauend entwickelte die Psychoanalytikerin Mara Selvini Palazzoli ein Konzept systemischer Familientherapie, das als »Mailänder Schule« (Selvini Palazzoli, 1982) bekannt wurde. Dieses lieferte in den 1970er Jahren viele Anregungen für systemische Interventionen. Interventionen in psychischen oder sozialen Systemen werden aus systemischer Sicht als Irritation des Systems konzeptualisiert. Die Beratenden sollen die Ratsuchenden dabei unterstützen, neue Sichtweisen und Zusammenhänge herauszuarbeiten. Das Ziel ist, Turbulenzen bzw. Verstörungen zu erzeugen, die das System zur Selbstorganisation anregen.

6.1.2 Vorgehensweise

Dem Ziel, das System zu verstören, Zusammenhänge aufzuzeigen und neue Perspektiven zu eröffnen, dient eine Vielzahl direktiver Fragetechniken bzw. Gesprächsimpulse. Es existieren verschiedene Systematisierungsversuche. Die konkrete Bezeichnung und die Beschreibung der Fragetechniken variieren in der Literatur allerdings und manche Formen erscheinen als nicht ganz trennscharf, zum Beispiel ist »Reframing« nicht streng abgegrenzt gegenüber »positiver Konnotation« (s. dazu im Folgenden). Wichtig ist, dass es sich bei den systemischen Interventionstechniken nicht um einen standardisierten Katalog handelt, der nach und nach abzuarbeiten wäre. Vielmehr geht es um einen offenen Dialog und um eine situations- und prozessorientierte Nutzung unterschiedlicher Impulse. Im Folgenden werden ausgewählte Fragetechniken etwas näher charakterisiert, die die systemische Haltung besonders gut zum Ausdruck bringen:
- zirkuläre Fragen,
- Reframing bzw. Umdeutung,
- positive bzw. wertschätzende Konnotation sowie
- reflektierendes Team.

Zirkuläre Fragen
Da die Suche nach Wechselwirkungen bzw. Rückkopplungen typisch für das systemische Denken ist, weisen viele Autorinnen dem zirkulären Fragen eine besondere Bedeutung zu. Der Begriff wird auf zwei unterschiedlichen Ebenen gebraucht: Zum einen wird zirkuläres Fragen zur Charakteristik der allgemeinen systemischen Haltung und Vorgehensweise benutzt, zum anderen als spezifischer Fragetypus. Ziel ist es, die Fixierung der Ratsuchenden auf die eigenen, subjektiven Sicht- und Verhaltensweisen zu lösen und sie dazu anzuregen, sich gedanklich auf andere Perspektiven einzulassen. So wird bei zirkulären Fragen im engeren Sinn die Einschätzung anderer Personen aus dem betrachteten System erfragt. Damit werden neue Perspektiven in die Betrachtung einbezogen. Das Ziel der Nutzung zirkulärer Fragen kann darin gesehen werden, dass die Ratsuchende sich in die Sichtweise anderer Personen hineinver-

setzt, ihre Beziehungen zu anderen systemrelevanten Personen reflektiert und deren Zusammenspiel erkennen kann.

Beispiel: »Was glauben Sie, was die anderen Mitarbeiter des Teams über Ihren Streit mit dem Kollegen X denken?«

Gerade das Formulieren zirkulärer Fragen erweist sich zunächst als nicht ganz einfach, da wir es aufgrund unseres traditionell eher linearen Denkens nicht gewohnt sind, Zusammenhänge und Wechselwirkungen in den Blick zu nehmen. Hier ist ein wenig Übung vonnöten. Trotz des Ziels, komplexe Sachverhalte zu verdeutlichen, ist es wichtig, zirkuläre Fragen möglichst einfach zu formulieren, damit sie vom Ratsuchenden verstanden werden.

Reframing bzw. Umdeutung

Einer Situation oder einer Aussage wird eine andere Bedeutung zugewiesen oder diese wird in einen anderen begrifflichen oder emotionalen Kontext gestellt, »anders gerahmt«. In vielen Fällen wird ein als negativ oder belastend erlebtes Verhalten durch eine positive Sichtweise umgedeutet. Dadurch, dass ein anderer Bezugsrahmen geschaffen wird, verlässt der Ratsuchende die gewohnte Perspektive und nimmt einen unbekannten Blickwinkel ein. Mithilfe einer Umdeutung kann insbesondere ein einseitig negativer Blickwinkel eines Ratsuchenden erweitert werden. Es wird ein prägnanter Unterschied zur bisherigen Wirklichkeitskonstruktion hergestellt. Dies kann Überraschungen oder Irritationen auslösen. Es handelt sich nach von Schlippe und Schweitzer (2019, S. 76) weniger um eine Fragetechnik im engeren Sinne als um eine Haltung. Von Schlippe und Schweitzer (2019, S. 315–317) unterscheiden folgende Varianten des Reframings, wobei sie selbst konstatieren, dass diese Varianten nicht immer klar voneinander abgrenzbar sind (von Schlippe u. Schweitzer, 2019, S. 78):

- Bedeutungsreframing
  Dabei geht es darum, einem nicht erwünschten Verhalten eine andere Bedeutung zu geben.
  Beispiel: Der beklagte Streit zwischen zwei Mitarbeitern kann auch als Form der Aushandlung zwischen Nähe und Distanz interpretiert werden. »Ich nehme Ihren Streit mit Ihrem Kollegen auch als den Versuch wahr, eine angemessene Nähe und Distanz zwischen Ihnen auszuhandeln.«
- Kontextreframing
  Hier wird gefragt, welcher Kontext denkbar wäre, in dem das Problem sinnvoll sein oder sogar eine Lösung darstellen könnte:
  Beispiel: Ein aggressives Verhalten eines Mitarbeiters kann in einem Streit mit einem schwierigen Kunden auch als Durchsetzungsfähigkeit interpre-

tiert werden.« »Wenn Sie das von Ihnen beklagte aggressive Verhalten nicht nur Ihnen gegenüber erlebten, sondern auch in einem Kontakt mit einem extrem schwierigen Kunden, dann würden Sie ihm vielleicht auch Durchsetzungsfähigkeit attestieren.«
- Inhaltsreframing
Hierbei wird versucht, das beklagte Verhalten und die dahinterliegende »gute« Absicht zu trennen. Dabei wird die negative Beschreibung des Verhaltens beibehalten.
Beispiel: Konzentrationsstörungen können als eine Ausdrucksweise verstanden werden, um sich Pausen zu verschaffen und Abstand vom Leistungsdruck zu gewinnen. Es käme dann darauf an herauszuarbeiten, ob es auch andere Formen gibt, konstruktiv mit dem Leistungsdruck umzugehen. »Ich interpretiere Ihre Konzentrationsstörungen als Möglichkeit, sich Pausen zu verschaffen und Abstand vom Leistungsdruck zu gewinnen. Lassen Sie uns gemeinsam überlegen, ob es dafür konstruktivere Formen gäbe.«

Die Erreichung des Ziels, durch die Umdeutung einen (einseitig negativen) Blickwinkel zu erweitern und dadurch positive Aspekte eines Verhaltens zu entdecken, setzt voraus, dass die Beraterin den Kontext kennt. Außerdem wirken Umdeutungen nur dann, wenn sie auf der Basis einer guten Beziehung erfolgen und ernst gemeint sind. Eine unzureichende Anerkennung des Leidens des Ratsuchenden kann die Bemühungen, ein Umdenken anzuregen, in ihr Gegenteil verkehren.

Positive bzw. wertschätzende Konnotation
Bei der positiven Konnotation wird der konstruktive Beitrag eines als problematisch angesehenen Verhaltens betont und damit ein verändertes Bewertungssystem eingeführt, das Denkanstöße auslösen soll. Die Akzeptanz einer Situation kann als erster Schritt zu ihrer Veränderung angesehen werden (von Schlippe u. Schweitzer, 2012, S. 310). Von Schlippe und Schweitzer (2012, S. 310) bevorzugen allerdings den Begriff der »wertschätzenden Konnotation« mit der Begründung, die subjektiven Hintergründe für den mit der positiven Konnotation verbundenen Versuch, jedem Verhalten etwas Positives abzugewinnen, können von den Ratsuchenden auch als Beleidigung verstanden bzw. als ein Nicht-Ernst-Nehmen der als problematisch erlebten Situation interpretiert werden. Eine wertschätzende Konnotation kann verdeutlichen, dass Beratende die subjektiven Hintergründe für jedes Verhalten (Ausnahmen aus ethischen Gründen, u. a. Gewalt, Missbrauch) nachvollziehen können und nach der Bedeutung dieses Verhaltens im Kontext des Gesamtsystems suchen.

Beispiel: Ratsuchender: »Mein Chef überfordert mich.« Berater: »Ihr Chef traut Ihnen viel zu.«

Die Formulierung einer positiven bzw. wertschätzenden Konnotation erfordert viel Fingerspitzengefühl, damit die Äußerungen des Beraters nicht als plumpe Lobhudelei wahrgenommen werden. Häufig steht die positive Konnotation nicht isoliert, sondern wird je nach Kontext vorweg als Würdigung ausgesprochen oder zum Beispiel am Ende des Gesprächs, bei Rückspiegelungen oder in Kombination mit anderen Interventionen angewendet.

Reflektierendes Team

Beim Einsatz der auf den aus Norwegen stammenden systemischen Therapeuten Tom Andersen (1991) zurückgehenden Methode des »reflektierenden Teams« lassen sich die Beratenden bei ihrer Reflexionsarbeit beobachten, das heißt, sie wechseln in eine Metaposition. Diese Methode wird insbesondere dann eingesetzt, wenn sich ein Beratungsgespräch festgefahren hat. Die Beratenden tauschen sich vor dem Ratsuchenden über ihre Wahrnehmungen, Eindrücke und möglichen weiteren Vorgehensweisen aus. Durch die Metareflexion teilen die Beratenden gleichzeitig einen Teil ihrer Wirklichkeitskonstruktion mit. Diese kann für die Ratsuchenden neue, relevante Informationen zutage fördern. Dabei ist es wichtig, dass die Äußerungen der Beratenden in einer wertschätzenden Art und Weise erfolgen. Zudem ist es hilfreich, Äußerungen eher in einer vorsichtigen, suchenden Perspektive zu formulieren.

Beispiel: »Ich bin nicht sicher, aber ich habe den Eindruck, im Beratungsprozess ist im Moment die Luft raus, da können wir noch so viele gute Ideen einbringen, wir laufen ein bisschen gegen eine Wand. Wie sehen das die anderen Beratenden?«

Nach dem Austausch der Beratenden untereinander, der nicht mehr als fünf bis zehn Minuten in Anspruch nehmen sollte, findet ein Gespräch über die Reflexion statt. Dabei sollte der Fokus nicht auf der Korrektur von Aussagen der Beratenden liegen, sondern auf neuen Wahrnehmungen des Ratsuchenden.

Beispiel: »Hat unser Austausch für Sie etwas Neues gebracht?«

Der Dialog zwischen den Beratenden sollte mit positiven Rückmeldungen beginnen. Anschließend können Wahrnehmungen und Hypothesen ausgetauscht werden. Neben dem Einsatz dieser Methode in Situationen, in denen der Beratungsprozess ins Stocken gerät, kann das reflektierende Team auch an anderen Stellen innerhalb eines Beratungsverlaufs eingesetzt werden, zum Beispiel, um latente Themen bewusst zu machen.

6.1.3 Kommentar zu den systemischen Gesprächsfiguren

Die systemischen Interaktionsformen, die Verstörungen des Systems hervorrufen und Zusammenhänge und Muster aufzeigen sollen, können auf Beratende sowie Ratsuchende zunächst ungewöhnlich und anstrengend wirken. Es bedarf einer gewissen Erfahrung, um diese gut umsetzen zu können. Wichtig ist dabei (zum Folgenden s. von Schlippe u. Schweitzer, 2012, S. 277), dass sich die Interventionen auch – wie im Hinblick auf den Aspekt des Wirkprinzips kommunikativer Stabilität in Kapitel 3.2 erläutert – am Tempo der Ratsuchenden orientieren. Dies bedeutet zum einen, den Ratsuchenden Zeit zum Nachdenken zu lassen und nicht zu schnell eine neue Frage oder einen neuen Gesprächsimpuls hinterherzuschicken. Zum anderen bedeutet dies auch, sich kritischen Themen behutsam zu nähern und nicht gleich »mit der Tür ins Haus zu fallen«. Komplexe systemische Gesprächsfiguren sollten auch nicht als Selbstzweck verstanden werden. Ihr Ziel muss immer sein, zusätzliche Informationen zu erzeugen, die durch einfache direkte Fragen oder Impulse nicht erreicht werden können. Zudem sollten sie anschlussfähig für die der Ratsuchenden sein.

Tipps zum Weiterlesen:

Schlippe, A. von, Schweitzer, J. (2012). *Lehrbuch der systemischen Therapie und Beratung I: Das Grundlagenwissen* (2. Aufl.). Göttingen: Vandenhoeck & Ruprecht.

Patrzek, A, Scholer, A. (2018). *Systemisches Fragen in der kollegialen Beratung.* Weinheim/Basel: Beltz.

6.2 Systemische Werkzeuge

6.2.1 Inneres Team

Theoretischer Kontext und Zielsetzung

Der Begriff »Inneres Team« wurde von dem sich als systemisch verstehenden Kommunikationspsychologen Friedemann Schulz von Thun geprägt (Schulz von Thun, 2017). Diesem liegt ein Persönlichkeitsmodell zugrunde, demzufolge es verschiedene Persönlichkeitsanteile gibt, die als innere Stimmen oder Mitglieder des Inneren Teams bezeichnet werden. Diese Anteile stehen stellvertretend für unterschiedliche Bedürfnisse. Die Mitglieder dieses Inneren Teams können gut zusammenarbeiten, sie können aber auch unterschiedliche Interessen vertreten, miteinander streiten, und es gibt laute und leise Stimmen. Es kommt darauf an, alle Teammitglieder wahrzunehmen und wertzuschätzen, sowohl die starken als auch die schwachen. Der Ratsuchende wird als Oberhaupt des Teams der

inneren Stimmen bezeichnet. Das Oberhaupt ist eine begrenzt steuerungsfähige Koordinationsinstanz. Es hat in dieser Rolle die Aufgabe, eine innere Streitkultur aufzubauen, damit Gegensätze und Spannungen ausgehalten, ausgetragen und genutzt werden können. Ursachen der Zerstrittenheit des Inneren Teams können sein (Schulz von Thun, 2017, S. 76):
- »Gegeneinander (Rivalität, Feindseligkeit)
- Durcheinander (Mangel an Struktur)
- Nebeneinander (Mangel an Kontakt und Koordination).«

Der Ansatz des Inneren Teams kann neue Perspektiven bei schwierigen Entscheidungssituationen eröffnen. Die Integration widersprüchlicher Persönlichkeitsanteile bzw. Bedürfnisse soll zu einer kongruenten inneren Kommunikation sowie der Stärkung der Entscheidungssicherheit beitragen. Die Idee ist, Zeit zu gewinnen, um alle Stimmen gründlich zu hören und eine Entscheidung zu treffen, die möglichst allen innerlich Beteiligten Rechnung trägt.

Vorgehensweise
Bei einem Fall, in dem es um eine schwierige Entscheidungssituation geht, beginnt der Ratsuchende, über seine Entscheidungssituation zu berichten. Er charakterisiert nacheinander die wichtigsten Stimmen, die für die Entscheidungssituation von Bedeutung sind. Bei der auf diesem Modell aufbauenden Übung werden jeder Stimme Namen zugeordnet, zum Beispiel »die Hilfsbereite«, »die auf sich selbst Bedachte«, »die Solidarische«, »die Einzelgängerin«, »die Eilige«, »die Misstrauische«, »die, die nicht auffallen möchte«. Es gibt keine definierte Liste solcher Persönlichkeitsanteile. Die Moderatorin kann diesen Prozess unterstützen, indem sie nachfragt, wie sich die einzelnen inneren Teammitglieder charakterisieren lassen, welcher Name passend wäre und ob es weitere Stimmen gibt. Der Ratsuchende sucht für jede Stimme einen der Beratenden aus mit der Bitte, sich mit dieser Stimme zu identifizieren. Diese Wahl sollte möglichst früh bei der Schilderung der jeweiligen Stimme erfolgen, damit die Person sich auf diese Stimme konzentrieren kann. Die ausgewählten Personen gehen in einen mit Stühlen vorbereiteten Innenkreis. Es hat sich als hilfreich erwiesen, den Namen für die jeweilige Stimme auf eine Moderationskarte zu schreiben und vor der Person, die diese Stimme vertritt, auf den Fußboden zu legen. Dies trägt zur Erinnerung im weiteren Gesprächsverlauf bei. Der Ratsuchende tritt nach Abschluss der Charakterisierung einer Stimme hinter die Person, die die Stimme repräsentiert, und formuliert in der Ich-Form ein bis zwei Schlüsselsätze, die charakteristisch für diese Stimme sind. Die Person, die in einem Stuhlkreis die entsprechende Rolle übernimmt,

wiederholt in ihren Worten, was die Stimme ausmacht, um sicher zu gehen, dass sie deren Charakteristik verstanden hat. Auf diese Weise werden circa vier bis sechs Stimmen herausgearbeitet. Wichtig ist dabei, auch leise Stimmen zu berücksichtigen.

Sind (vorläufig) alle Stimmen identifiziert, übernimmt der Ratsuchende die Rolle des Oberhaupts, das heißt seine Funktion als Teamchef, Moderator und Entscheider. Die Moderatorin der kollegialen Beratungsgruppe bittet den Ratsuchenden, die Stimmen zu einer freien Diskussion einzuladen. Nachdem diese eine Weile gelaufen ist, kann der Ratsuchende gezielt zwei oder drei Stimmen zu einem weiteren Dialog einladen. Das können zum Beispiel eine laute und eine leise Stimme sein oder sich widersprechende Stimmen. Der Ratsuchende hört sich die Diskussion an und greift nicht ein. Es kann sein, dass während der Diskussion weitere, noch nicht vertretene Stimmen als Spätmelder auftauchen. In diesem Fall kann der Ratsuchende vorschlagen, diese noch einzubeziehen.

Optional kann der Ratsuchende die Teammitglieder in einem nächsten Schritt bitten, nach einer konstruktiven, gemeinsamen Lösung zu suchen. Dabei können die einzelnen Stimmen ihre ursprüngliche Sichtweise verändern. Dieser Schritt kann jedoch auch übersprungen werden, weil das Finden einer Lösung nicht das vorrangige Ziel der Übung ist.

Nach dem Abschluss des Austausches der inneren Stimmen übernimmt wieder der Ratsuchende als Oberhaupt. Er dankt seinen inneren Teammitgliedern und teilt mit, was die Diskussion bei ihm ausgelöst hat. Er charakterisiert seine derzeitige Sichtweise auf die Entscheidungssituation und begründet diese. Dabei sollte der Ratsuchende vor allem die guten Absichten und wertvollen Anteile der unterschiedlichen Stimmen würdigen sowie jeweils Gemeinsamkeiten und Unterschiede markieren. Hilfreich ist auch eine Befragung der Darstellerinnen der inneren Stimmen, wie es ihnen in ihrer Rolle ergangen ist.

Danach entlässt die Moderatorin die Teammitglieder aus ihren Rollen. Abschließend finden ein Feedback des Ratsuchenden zu Ergebnis und Prozess der Übung statt, ebenso ein *Sharing* der übrigen Gruppenmitglieder sowie eine Prozessreflexion – wie sie allgemein im *Leitfaden Prozessgestaltung* beschrieben sind. Der gesamte Prozess einschließlich der Auswertung und Reflexion erfordert circa eine Stunde Zeit (ein *Leitfaden Inneres Team* befindet sich im Anhang und bei den Onlinematerialien).

Es erweist sich nicht immer als leicht, den identifizierten Stimmen schnell einen passenden Namen zu geben. Hierbei kann die Moderatorin unterstützen. Es werden bei dieser Methode nur die Persönlichkeitsanteile für die Entscheidungsfindung herangezogen. Andere Einflussfaktoren wie strukturelle, finanzielle, kompetenzbezogene können zwar indirekt eine Rolle spielen, wenn eine Stimme zum Beispiel sagt: »Das neue Arbeitsumfeld ist weniger attraktiv als das alte.« Dieser Aspekt wird dann aber nicht weiter systematisch verfolgt, sondern einer inneren Stimme zugeordnet.

Beispiel
Es geht um den Fall einer Führungskraft auf mittlerer Ebene. Sie hat das Angebot erhalten, eine neue Position zu übernehmen und damit in der Hierarchie aufzusteigen. Der Ratsuchende formuliert zunächst eine Stimme, die sagt: »Das ist eine super Chance!« Er bezeichnet die Stimme als Entfaltungsstimme. Der Ratsuchende berichtet weiter, dass er schon einen Burnout hinter sich hatte und daher besorgt ist, dass die neue Aufgabe mit noch größeren Anforderungen und Belastungen verbunden sein könnte. Dieser Stimme gibt er den Namen »die Gesundheitsbesorgte«. Weiter beschäftigt ihn, dass unklar ist, wie er mit den Mitarbeitenden in dem neuen Kontext zurechtkommt. Bisher lief es in seiner Abteilung sehr kollegial ab. Außerdem könnten einige seiner jetzigen Mitarbeiter ihm dann untergeordnet sein. Diese Stimme erhält die Bezeichnung »zögerliche Stimme«. Weiter geht der Blick des Ratsuchenden in Richtung seiner Familie. Er lebt mit seiner Frau und zwei Kindern zusammen und Zeit für die Familie ist ihm wichtig. Die Stimme nennt er »die familienorientierte Stimme«. Schließlich fällt ihm noch ein, dass er sich auch in Zukunft Zeit für seine Hobbys wie Tennis und Wandern wünscht, aber nicht sicher ist, ob er sich dabei aufgrund der höheren Anforderungen und Belastungen nicht weiter wird einschränken müssen. Er spricht hier von der »freizeitorientierten Stimme«.

Dann startet der Ratsuchende als Teamoberhaupt eine Diskussion der verschiedenen Stimmen. Diese kämpfen zum einen jeweils um ihr Anliegen, so die familienorientierte und die Entfaltungsstimme, gehen aber auch Bündnisse ein, zum Beispiel die familien- und die freizeitorientierte Stimme. Der Ratsuchende bittet die familienorientierte und die Entfaltungsstimme um eine vertiefende Diskussion. Nach einer Weile bricht die Moderatorin die Diskussion ab. Danach dankt der Ratsuchende seinen inneren Stimmen und berichtet eher verblüfft, dass die gehörte Diskussion genau mit seiner subjektiven Wahrnehmung übereinstimmt. Er hat zwar noch nicht die perfekte Lösung gefunden, deutet aber an, dass die Stimmen, die sich direkt oder indirekt gegen den geplanten Aufstieg wenden, in der Übermacht zu sein scheinen.

Tipp zum Weiterlesen:

Schulz von Thun, F. (2017). *Miteinander reden 3. Das »Innere Team« und situationsgerechte Kommunikation* (26. Aufl.). Reinbek bei Hamburg: Rowohlt.

6.2.2 System-Struktur-Zeichnung

Theoretischer Kontext und Zielsetzung

Bei der System-Struktur-Zeichnung handelt es sich um ein Verfahren zur Visualisierung von Konflikten zwischen Personen (Ehinger u. Hennig, 1997, S. 76–82). Sie ermöglicht es, durch den Einsatz definierter Symbole, zum Beispiel für distanzierte oder enge Beziehungen, für offene oder verdeckte Konflikte oder Koalitionen, diese zu veranschaulichen und auf dieser Basis Ansatzpunkte für Veränderungen zu identifizieren. Ziel dieser Methode ist die Erfassung und Bewusstmachung von Systemstrukturen und Mustern in schwierigen Beziehungen (Ehinger u. Hennig, 1997, S. 125). Die Methode trägt damit dazu bei, eine Individualisierung und Personalisierung von Konflikten zu vermeiden. Durch die Visualisierung, die während der gesamten Fallbearbeitung präsent ist, bekommen alle Mitglieder der kollegialen Beratungsgruppe einen transparenten Überblick über die komplexe Situation. Die Art der Beziehungen zwischen den Beteiligten Personen wird klarer als dies bei einer reinen Erzählung der Fall wäre. Ebenso können Beziehungsmuster veranschaulicht werden. Mit diesem systemischen Verfahren zur Visualisierung von Beziehungen können Interaktionen von Personen auf unterschiedlichen Ebenen bearbeitet werden, so zwischen

- einzelnen Mitarbeitenden,
- Mitarbeiterinnen und Leitung,
- Teammitgliedern,
- Personen in verschiedenen Teams bzw. Abteilungen,
- Personen aus einer Organisation und anderen aus dem Umfeld der Organisation.

Vorgehensweise

Zunächst werden die beteiligten Personen vom Ratsuchenden nacheinander benannt und anhand von Symbolen zum Beispiel auf einer mit Papier bespannten Pinnwand charakterisiert (Geschlecht und Stärke des Einflusses; s. dazu Abb. 6 im nächsten Abschnitt sowie den *Leitfaden System-Struktur-Zeichnung* im Anhang und im Onlinematerial). Anschließend wird – ebenfalls vom Ratsuchenden – die Art der Beziehung beschrieben und symbolisiert. Die Moderatorin kann den Prozess mit Nachfragen unterstützen, zum Beispiel im Hinblick auf noch nicht benannte, am Problem beteiligte Personen und noch nicht eingezeichnete Beziehungsqualitäten.

Nach Abschluss der Darstellungsphase können die Beratenden zunächst Verständnisfragen stellen. Das entstandene Bild kann dann in Bezug auf die Beziehung zwischen Einzelelementen interpretiert und optional weiter auf Muster hin betrachtet werden. In dieser Auswertungsphase sollten zunächst die Beratenden Beobachtungen, Vermutungen oder Hypothesen zur möglichen Dominanz bestimmter Beziehungstypen formulieren, die der Ratsuchende dann kommentiert. In einem zweiten Schritt werden ebenfalls zunächst von den Beratenden Ideen zu möglichen größeren Zusammenhängen (Wechselwirkungen, Muster, Spiele, ein Gesamtthema etc.) entwickelt. Der Ratsuchende hört sich diese an und teilt anschließend mit, was die Ideen bei ihm auslösen. Er kann an dieser Stelle auch eigene weitere Ideen einbringen. Danach geht es um Interventionsstrategien. Wiederum sollten zunächst die Beratenden Lösungsmöglichkeiten formulieren, die dann von dem Ratsuchenden kommentiert, bewertet und gegebenenfalls ergänzt werden.

Abschließend findet ein Feedback des Ratsuchenden zum Ergebnis und Prozess der Übung statt, ebenso ein *Sharing* der übrigen Gruppenmitglieder sowie eine Prozessreflexion – wie sie allgemein im *Leitfaden Prozessgestaltung* beschrieben sind. Der Prozess der Erstellung einer System-Struktur-Zeichnung einschließlich der Reflexion der Übung erfordert in der Regel eine knappe Stunde.

Eine Begrenzung dieser Methode ist darin zu sehen, dass lediglich Personen zum Gegenstand der Betrachtung werden, während andere, zum Beispiel strukturelle Einflussfaktoren, keine Rolle spielen. Dies unterscheidet die Methode von der der Systemmodellierung (s. Kapitel 6.2.3).

Beispiel

Eine Abteilungsleiterin eines mittelständischen Betriebes klagt über Probleme mit ihrem Stellvertreter. Dazu zählen zum Beispiel das Nichteinhalten von Absprachen sowie eine allgemeine Oppositionshaltung ihr gegenüber. Die System-Struktur-Zeichnung wurde in der bereits beschriebenen Weise erstellt.

Aus der erstellten Zeichnung (Abb. 6) ergibt sich, dass neben dem Konflikt der Abteilungsleiterin mit dem stellvertretenden Leiter auch Spannungen zur Bereichsleiterin bestehen. Insgesamt – so die subjektive Wahrnehmung der Abteilungsleiterin – scheint in der gesamten Firma dieser angespannte Beziehungstyp vorzuherrschen: zwischen Meister, als mittlerer Führungskraft, und Sekretärin, zwischen Meister und stellvertretendem Leiter sowie zwischen Meister und den weiblichen und männlichen Teammitgliedern. Diese Beobachtung entlastet die Abteilungsleiterin emotional ein bisschen – sie ist nicht die einzige mit einem Beziehungsproblem in dem betrachteten System. Ihre gute Beziehung zum Meister, auf die sie stolz ist und die ihr wichtig ist, erscheint ihr aufgrund der Zeichnung im Laufe des Beratungsgesprächs noch in

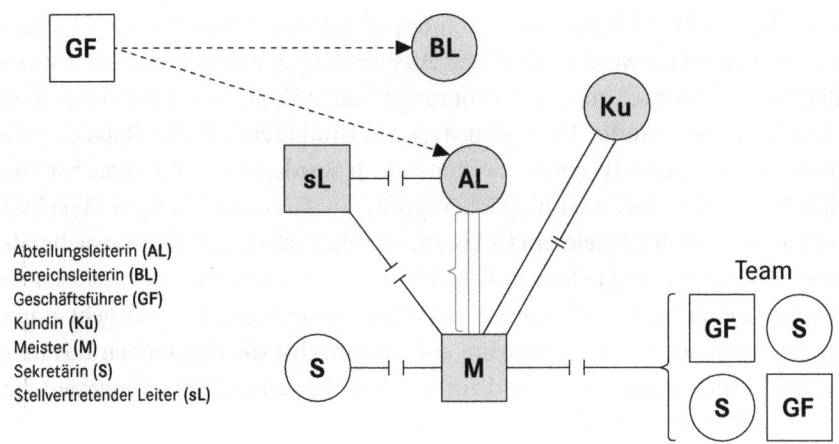

Abbildung 6: Beispiel für eine System-Struktur-Zeichnung (Phase 1)
Quelle: Schiersmann u. Thiel, 2018, S. 380

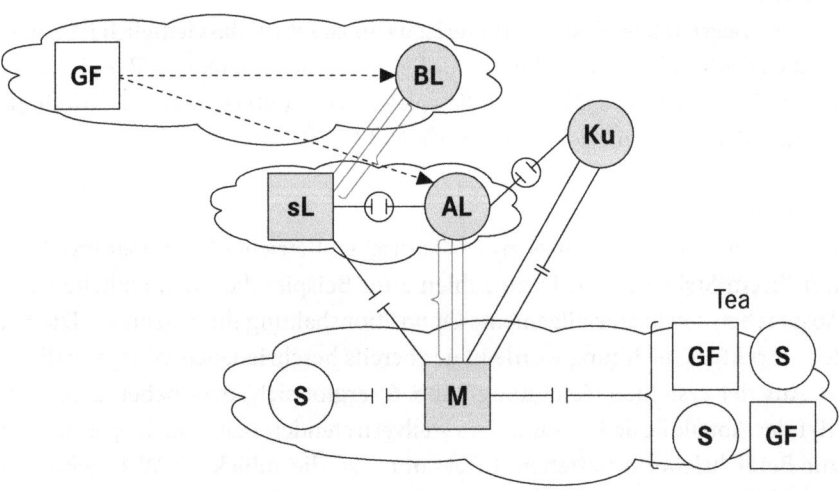

Abbildung 7: Beispiel für eine System-Struktur-Zeichnung (Phase 2)
Quelle: Schiersmann u. Thiel, 2018, S. 381

einem anderen Licht: Sie und der Meister haben nämlich einen gemeinsamen Gegner – den stellvertretenden Leiter – und das »vereint« sie. Die gemeinsame Gegnerschaft, die Koalition verbindet sie fast ein wenig symbiotisch.

Vor diesem Hintergrund fällt der Abteilungsleiterin etwas später auf (s. Abb. 7), dass eine solche Koalitionsbeziehung auch zwischen der Bereichsleiterin und dem stellvertretenden Leiter ihr gegenüber existiert. Zu beiden hat sie ein konflikthaftes Verhältnis. Ein Teilmuster wird folgendermaßen charakterisiert: »Hast du Probleme in dieser Firma, dann suche dir ganz schnell einen Koalitionspartner. Das schafft Entlastung.«

Über den Geschäftsführer sind die Informationen spärlich, er hat ein distanziertes Verhältnis zur Bereichs- und Abteilungsleiterin und scheint die Führungsrolle nicht deutlich genug wahrzunehmen. Diese Tatsache verführt eventuell einige – so die vorsichtig geäußerte Hypothese eines Beratenden – zu Koalitionen, um das durch den Geschäftsführer entstandene Machtvakuum für sich zu nutzen nach dem Motto: »Nur mit einem engen Partner hast du Einfluss in der Firma – allein bist du machtlos. Schau' dir doch nur den Geschäftsführer an!« Die Abteilungsleiterin korrigiert ihre Wahrnehmung und etikettiert die Beziehung zum Stellvertreter als einen eher verdeckten Konflikt. Insgesamt – so zeigt sich, als sie die zu den formalen Subsystemen gehörigen Personen je mit einer Linie umrandet – existieren Konflikte sowohl innerhalb jeder Hierarchieebene als auch zwischen ihnen.

Aus allen zusammengetragenen Lösungsideen wählt die Abteilungsleiterin vor dem Hintergrund ihrer System-Struktur-Zeichnung die Strategie, den verdeckten Konflikt mit ihrem Stellvertreter, der nach ihrer Aussage »ehemals selber auf diesen Leitungsposten ›scharf‹ war«, anzugehen. Dies scheint ihr machbar. Auf längere Sicht könnten sich dann eventuell auch die Koalitionen zwischen Stellvertreter und Bereichsleiterin einerseits und zwischen ihr als Abteilungsleiterin und dem Meister andererseits normalisieren. Wenn das alles nicht klappt, würde sich die Abteilungsleiterin für eine Konfliktmoderation oder Unternehmens-Mediation stark machen.

Tipp zum Weiterlesen:

Ehinger, W., Hennig, C. (1997). *Praxis der Lehrersupervision. Leitfaden für Lehrergruppen mit und ohne Supervisor* (2. Aufl.; S. 76–82). Weinheim/Basel: Beltz.

6.2.3 Systemmodellierung

Theoretischer Kontext und Zielsetzung

Bei der Methode der Systemmodellierung handelt es sich um eine grafische Darstellung von subjektiv als relevant angesehenen Einflussfaktoren und deren Wechselwirkung in einem System (Schiersmann u. Thiel, 2016). Die Modellierung eines komplexen Systems von Einflussfaktoren als Wirkungsnetz geht im deutschsprachigen Raum unter anderem auf Frederic Vester zurück, einen deutschen Biochemiker und Umweltexperten. Er entwickelte 1970 den sogenannten »Papiercomputer«, das heißt eine zahlenbasierte Matrix unterschiedlicher Einflussfaktoren (Vester, 2007, S. 165), wandte diese Methode unter anderem auf die Stadt- und Regionalplanung praktisch an und erweiterte sie später als »Sensitivitätsmodell« mit computergestützten Tools.

Das Ziel dieses anspruchsvollen systemischen Verfahrens besteht darin, nicht isoliert einzelne Einflussfaktoren auf ein Problem zu betrachten, sondern deren Beziehungen und Zusammenwirken in einer komplexen Situation. Diese können dann sowohl im Hinblick auf die Bedeutung einzelner, besonders aktiver Einflussfaktoren oder auch zusammenhängender Muster ausgewertet werden. Auf der Basis der Betrachtung der Zusammenhänge und Muster können Lösungswege entwickelt werden.

Vorgehensweise

Die Systemmodellierung kann an einer mit Papier bespannten Pinnwand oder mithilfe eines Softwareprogramms erfolgen. Dazu liegen verschiedene Programme vor (z. B. https://www.know-why.net/ oder https://kumu.io/). Es werden im Folgenden fünf Phasen oder Arbeitsschritte ausdifferenziert:
1. Erfassung der Situation,
2. Modellierung des Systems,
3. Interpretation des Systems,
4. Entwicklung von Lösungsstrategien,
5. Reflexion des Ergebnisses und des Prozesses.

Ein *Leitfaden zur Erstellung einer Systemmodellierung* findet sich im Anhang sowie bei den Onlinematerialien.

Phase 1: Situation erfassen

Der Ratsuchende beschreibt kurz die zu betrachtende Situation und das relevante System und umreißt das Ziel. Letzteres wird zum Beispiel auf einer Moderationskarte mit einem speziellen Format (z. B. Rhombus) festgehalten. Es ist wichtig, bei der Zielkarte ebenso wie bei den Einflussfaktoren auf die Situation die Moderationskarten im Sinne einer Zustandsbeschreibung zu benennen. Beispiel für die Zielkarte: »gute Kooperation« anstelle von »bessere Kooperation«. Anderenfalls ließe sich später der Zusammenhang der Einflussfaktoren auf der Basis dieser Methoden nicht angemessen charakterisieren. Außerdem empfiehlt es sich, diese Zielkarte nicht in die Mitte der Pinnwand zu platzieren, weil dann im weiteren Verlauf die Gefahr entstehen kann, dass viele Verbindungslinien über diese Karte laufen, was jedoch nicht intendiert ist. Die Zielkarte wird genauso in die Konstruktion und Interpretation des Systems einbezogen wie die weiteren Karten (s. Phase 2).

Als nächster Schritt werden Einflussfaktoren auf die Situation zusammengetragen. Diese werden zum Beispiel jeweils auf einer Moderationskarte notiert und auf der Pinnwand verteilt oder mittels einer Software erfasst. Die Elemente können unterschiedlicher Art sein, zum Beispiel Einstellungen, Emotionen, Verhalten sowie ökonomische Faktoren und technische Elemente. Allerdings sollten keine Personen als Einflussfaktor benannt werden, sondern Dimensionen, die deren Verhalten, Einstellungen oder Emotionen charakterisieren. Beispiel: nicht »Vorgesetzter«, sondern »Unterstützung durch Vorgesetzten«. Außerdem sollten die Elemente nicht zu abstrakt formuliert sein, sondern sich möglichst konkret auf die Situation beziehen, zum Beispiel nicht »Motivation«, sondern »Motivation der Projektmitglieder (oder eines bestimmten Projektmitglieds)«.

Eine Protokollantin sollte in Stichworten schriftlich festhalten, was mit den Einflussfaktoren jeweils genau gemeint ist. Diese konkretere Information ist sonst später im weiteren Prozess nicht mehr präsent. Es sollten insgesamt nicht mehr als acht bis zehn Einflussfaktoren gesammelt werden, damit das Vorgehen übersichtlich bleibt, es sei denn, es wird mit einer Software gearbeitet. Sind (an der Pinnwand) mehr Faktoren gesammelt worden, sollte der Ratsuchende am Ende dieses Schrittes die aus seiner subjektiven Sicht wichtigsten auswählen.

In dieser Phase liegt die Aktivität vor allem beim Ratsuchenden. Die Moderatorin kann unterstützen, indem sie nach weiteren Einflussfaktoren fragt und bei deren Bezeichnung Hilfestellung gibt.

Phase 2: System modellieren

Die in der ersten Phase erfassten Elemente werden jetzt zu einem Wirkungsnetz »modelliert«. In diesem Schritt werden die Beziehungen zwischen den Elementen bestimmt, und zwar im Hinblick auf die folgenden Aspekte:

Wirkungs-*Beziehung:* Die Moderatorin könnte den Ratsuchenden fragen: »Sehen Sie zwischen irgendwelchen Elementen einen möglichen Zusammenhang? Wenn ja, verbinden Sie diese beiden mit einem Filzstift durch eine Linie und kennzeichnen Sie mit einem Pfeil die Richtung der Einflussnahme.« Beispiel: Mangelnde Kundenorientierung führt zu Finanzproblemen der Firma.

Wirkungs-*Art:* Die Wirkungsart wird mit den Zeichen »+« oder »–« markiert. Diese Bezeichnung hat nichts mit einer positiven oder negativen Bewertung im alltagssprachlichen Sinn zu tun. Das »+« markiert eine gleichgerichtete Wirkung, das heißt, dass die Verstärkung des beeinflussenden Faktors (von dem die Wirkung ausgeht) eine Verstärkung des beeinflussten Faktors mit sich bringt: je mehr von dem einen, desto mehr von dem anderen. Aber auch: je weniger von dem einen, desto weniger von dem anderen. Beispiel: Je unklarer die Zuständigkeiten der Führungskraft sind, desto weniger halten sich die Mitarbeitenden an die Ablaufpläne. Die Verstärkung des beeinflussenden Faktors – von dem die Wirkung ausgeht – bringt also eine Verstärkung des beeinflussten Faktors mit sich. Ein »-« charakterisiert eine entgegengerichtete Wirkung: je weniger von dem einen, desto mehr von dem anderen. Oder: je mehr von dem einen, desto weniger von dem anderen. Beispiel: Je mehr die Teams sich isoliert und ohnmächtig fühlen, desto häufiger richten sie Appelle an die Leitung, mehr Gemeinsamkeit zwischen den Teams zu stiften.

Wirkungs-*Intensität:* Die Intensität der Wirkungs-Beziehungen kann in drei Stufen (gering – mittel – stark) dargestellt werden, was entweder durch die Dicke der Verbindungslinie (dünn, mittel, dick) oder durch eine Zuweisung von Zahlen (1–3) zu den Linien ausgedrückt werden kann, wobei drei eine starke Einwirkung bedeutet. Die Charakterisierung der Einflussstärke ist hilfreich, um später Ansatzpunkte für Veränderungsstrategien zu identifizieren, weil zum Beispiel eine Veränderung eines starken Einflussfaktors eine stärkere Veränderung anderer Einflussgrößen und damit größeres Veränderungspotenzial beinhaltet. Auf diese Differenzierung kann jedoch aus pragmatischen oder zeitlichen Gründen zunächst auch verzichtet und diese gegebenenfalls später nachgeholt werden.

Wirkungs-*Dauer:* Die zeitliche Analyse der Wirkungsdauer zeigt an, wie schnell oder langsam sich eine Einflussgröße auf die von ihr beeinflussten Elemente auswirkt. Dies kann zum Beispiel in drei Stufen markiert werden (kurz-, mittel- oder langfristig), die in der Regel auf Schätzungen basieren. Es ist möglich, diese Analysedimension aus Zeitgründen zunächst auszuklammern. Sie ist aber wichtig für die Entwicklung von Veränderungsstrategien in Phase 4 und kann dann nachgeholt werden, um zu prüfen, welche Interventionsstrategien wie viel Zeit benötigen, um Veränderungen im System zu erzeugen.

Auch in dieser Phase ist vor allem die Arbeit des Ratsuchenden gefragt. Die Beratenden und die Moderatorin können unterstützen, zumal die Nutzung der Form von »plus« und »minus« zunächst sehr gewöhnungsbedürftig ist. Die Protokollantin notiert wiederum einige Stichworte dazu, wie der Zusammenhang zwischen zwei Variablen konkret beschrieben wurde. Wenn so die Beziehungen zwischen den Elementen bestimmt sind, liegt ein (subjektives) Modell der Situation in Form eines Wirkungsnetzes vor.

Phase 3: System interpretieren

In Phase 3 geht es zunächst darum, über die Zusammenhänge von zwei Einflussfaktoren hinaus nach Mustern, Regeln, Spielen bzw. Ritualen im System zu suchen. Die Moderatorin fragt den Ratsuchenden: »Versuchen Sie, ob Sie – über Wechselbeziehungen zwischen zwei Elementen hinaus – längere Einflussketten entdecken können. Beginnen Sie bei einem Einflussfaktor und wandern Sie zu anderen, bis Sie wieder bei dem Ausgangsfaktor enden. Kennzeichnen Sie dieses Muster (z. B. durch eine andere Farbe oder Schraffur oder Ähnliches) und geben Sie ihm einen kurzen Namen.« Lassen sich mehrere Muster identifizieren, so kann am Ende geprüft werden, ob es eventuell eine Hierarchie zwischen mehreren Mustern gibt.

In dieser Phase ist neben den Ideen des Ratsuchenden auch die aktive Mitarbeit der Beratenden (und Moderatorin) wünschenswert, denn es handelt sich um ein experimentelles Vorgehen und gemeinsam lassen sich mehr Ideen prüfen.

Ergänzt werden kann die Systemmodellierung durch eine sogenannte »Einflussmatrix« und »Einflussanalyse«, aus der sich weitere Erkenntnisse und Lösungsstrategien bzw. -möglichkeiten ableiten lassen. Mit dieser auf Vester zurückgehenden Einflussanalyse, dem bereits beschriebenen Papiercomputer, können die verschiedenen Elemente im Hinblick auf die Stärke ihrer Einfluss-

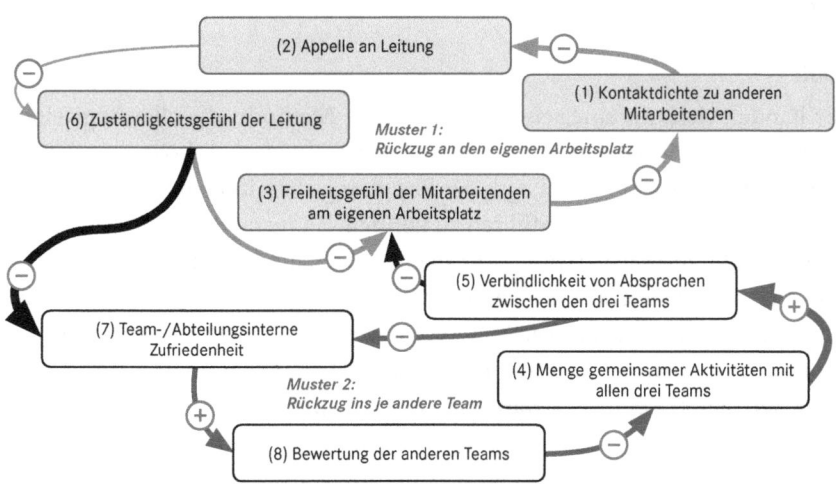

Abbildung 8: Beispiel für eine Systemmodellierung (nach Schiersmann u. Thiel, 2018, S. 285)

nahme auf andere und Beeinflussung durch andere quantitativ verrechnet werden. So werden die aktiven und kritischen Elemente im System herausgefiltert. Diese zeichnen sich dadurch aus, dass sie sowohl andere Faktoren stark beeinflussen als auch von diesen beeinflusst werden. Dies gibt wichtige Anhaltspunkte für die Entwicklung von Lösungsstrategien. Ein solcher Papiercomputer lässt sich per Hand, mit Excel oder mit einer Software erstellen. Da dieses zusätzliche Verfahren aber auch zeitaufwändig ist und daher im Rahmen der Kollegialen Beratung vermutlich eher selten eingesetzt wird, wird es an dieser Stelle nicht genauer beschrieben. Dazu sei auf Schiersmann und Thiel (2018, S. 102–105 sowie S. 285–288) verwiesen.

Phase 4: Lösungsstrategien entwickeln

In dieser Phase geht es darum, Ansatzmöglichkeiten für eine erfolgversprechende Lösungsstrategie zu entwerfen. Eine Impulsfrage der Moderatorin könnte sein: »An welcher Stelle könnte das identifizierte Muster gut verstört werden?« Es gilt dann zu prüfen, was der jeweilige Eingriff an einer bestimmten Stelle in Bezug auf die übrigen Einflussfaktoren auslösen würde. Außerdem ist von Bedeutung, wie schnell (z. B. kurz-, mittel- bzw. langfristig) die Veränderung eines Einflussfaktors Auswirkungen auf andere hat. Auch in dieser Phase bietet sich eine gemeinsame Arbeit von Ratsuchendem, Beratenden und Moderatorin an.

Phase 5: Reflexion

Abschließend findet ein Feedback des Ratsuchenden zu Ergebnis und Prozess der Übung statt, ebenso ein *Sharing* der übrigen Gruppenmitglieder sowie eine Prozessreflexion – wie sie allgemein im *Leitfaden Prozessgestaltung* beschrieben sind.

Fazit

Es handelt sich um eine sehr anspruchsvolle Methode, die allerdings einem komplexitätsorientierten Ansatz am besten gerecht wird. Es bedarf einer gewissen Übung, um sich in die Logik der Beziehungsdefinitionen hineinzudenken und die Methode gut durchführen zu können. Zu betonen ist, dass es sich um eine subjektive Konstruktion des Systems aus Sicht des Ratsuchenden, nicht um eine irgendwie geartete objektive Beschreibung handelt. Für die Arbeit mit dieser Methode sind gut zwei Stunden zu veranschlagen. Benötigt werden eine mit Papier bespannte Pinnwand und Moderationsmaterial sowie gegebenenfalls Rechner mit einer Software zur Modellierung.

Beispiel
Ein Mitglied aus dem Team einer Drogenberatungsstelle trägt folgenden Fall in der kollegialen Beratungsgruppe vor: Vor einigen Jahren sind in einer Großstadt drei räumlich verstreute Abteilungen der Drogenarbeit eines größeren Wohlfahrtsverbandes in ein Haus gezogen. Die Teams hatten jeweils unterschiedliche Arbeitsschwerpunkte: Ihre Dienstleistungen bezogen sich auf niedrigschwellige Angebote im Sinne einer Anlaufstelle (Café) im Souterrain des Gebäudes, auf die Drogentherapie in einem Stockwerk darüber und auf das Nachholen eines Schulabschlusses auf einer weiteren Etage. Jedes dieser Teams in den Abteilungen hatte über viele Jahre einen eigenen Supervisor, die Zusammenarbeit war jeweils sehr zufriedenstellend. Die drei Teams hatten es meist mit denselben konkreten Klienten zu tun: Einige Jugendliche und junge Erwachsene aus dem Drogenmilieu, die sich im Café orientieren wollten, landeten irgendwann auf der therapeutischen Station und entschlossen sich, während der Behandlung den Schulabschluss nachzuholen. Dennoch drifteten die drei Teams mit der Zeit immer weiter auseinander, sodass die Geschäftsführung, die Mitarbeiter, Teile der Klientel und der Öffentlichkeit den Eindruck hatten, dass hier drei völlig verschiedene, separat arbeitende »Firmen« unter einem Dach der Drogenberatungsstelle existierten. An eine enge Zusammenarbeit war nicht mehr zu denken, obwohl sie im Hinblick auf die Kundenorientierung und eine Effizienzsteigerung dringend nötig wäre.

Phase 1: Situation erfassen und Phase 2: System modellieren: Als Ziel formuliert der Ratsuchende, mehr gemeinsame Aktivitäten durchzuführen. »Was beeinflusst die Zielerreichung?« Unter dieser Fragestellung wurden anschließend aus der Sicht des Ratsuchenden wichtige Einflussfaktoren zusammengetragen.

Phase 3: System interpretieren: Um das System der Einflussfaktoren auf die Problemsituation zu modellieren, wurden Wirkungsbeziehungen zwischen den acht in Abbildung 8 benannten Einflussfaktoren hergestellt und deren Wirkungsart und Wirkungsintensität bestimmt. In der Darstellung der wechselseitigen Einflussfaktoren ist zum Beispiel zu erkennen (s. den Einflussfaktor (8) »Bewertung der anderen Teams«), dass die teaminterne Abwertung anderer Teams einen starken Einfluss auf mögliche gemeinsame Aktivitäten hatte – man hatte so nämlich kein Interesse mehr aneinander und versprach sich nichts von einer Kooperation. Danach begann bei der Fallbearbeitung die Suche nach längeren Einflussketten, das heißt letztlich nach (Teil-)Mustern, Gesetzmäßigkeiten, Ritualen, Spielen und Regeln, nach denen dieses System mangelnder Kooperation zwischen den drei Abteilungen im Wesentlichen funktionierte und aufrechterhalten wurde. Dieser Prozess führte zur Aufdeckung von zwei kreiskausalen Mustern (s. die unterschiedlichen gestrichelten und durchgezogenen Verbindungslinien in Abb. 8) – nämlich dem des »Rückzugs auf den individuellen Arbeitsplatz« und in das eigene Team. Das »Rückzugsspiel« in das eigene Team, welches das Verhalten der einzelnen Mitglieder steuerte, funktionierte folgendermaßen: Da es keine gemeinsamen Aktivitäten mehr gab, nahm mit der Zeit auch die Verbindlichkeit von Absprachen bzw. klaren Entscheidungen mit den anderen Teams ab, was wiederum die Zufriedenheit mit dem je eigenen Team stärkte. Dies führte kreiskausal zur Abwertung der übrigen Teams, was sich wiederum negativ auf die Lust zu gemeinsamen Aktivitäten auswirkte und so weiter.

Phase 4: Lösungsstrategien entwickeln: Auf der Basis der Herausarbeitung dieser beiden Muster entstand als Lösungsstrategie, durch kollegiale Beratungsgruppen quer zu den drei Abteilungen mehr gemeinsame Aktivitäten zu initiieren. Im monatlichen Rhythmus sollten aus den unterschiedlichen Perspektiven der drei Abteilungen die Erfahrungen jeweils über eine bestimmte Besucherin, einen Klienten oder eine Schülerin der Drogenberatungsstelle ausgetauscht und das Vorgehen miteinander abgestimmt werden. Bezieht man dieses neue Element in das Modell des Systems ein, so ergibt sich ein veränderter Kreislauf: Kollegiale Beratungssitzungen könnten die »gemeinsamen Aktivitäten« (Element 1) beleben, dadurch zu verbindlichen Absprachen (Element 5) führen und positivere Bewertungen der anderen Teams (Element 8) zur Folge haben, was wiederum die Kooperation zwischen den drei Abteilungen (Element 1) stärken würde und so weiter.

Tipps zum Weiterlesen:

Schiersmann, C., Thiel, H.-U. (2016). Systemmodellierung als Methode zur Musteranalyse und -veränderung in der Organisationsentwicklung. In M. Göhlich, S. Weber, A. Schroer, M. Schemmann (Hrsg.), *Organisation und Methode. Beiträge der Kommission Organisationspädagogik* (S. 189-199). Wiesbaden: Springer VS.

Vester, F. (2007). *Die Kunst vernetzt zu denken. Ideen und Werkzeuge für einen neuen Umgang mit Komplexität* (6. Aufl.). München: dtv.

7 Fazit

Das vorliegende Konzept einer Kollegialen Beratung soll Praktikerinnen in die Lage versetzen, sich in beruflichen Fragestellungen wirksam und komplexitätsadäquat zu unterstützen. Das Heidelberger integrative Prozessmodell mit seiner Verortung in den jüngeren System- und Komplexitätstheorien kann als eine mentale Landkarte für Fach- und Führungskräfte verstanden werden. Eine Landkarte kann niemals die ganze Wirklichkeit einer Landschaft wiedergeben, aber doch als brauchbarer Reisebegleiter dienen in einer von Unsicherheit und Turbulenz geprägten Zeit. Der Gewinn eines systemischen und komplexitätsorientierten Denkens und Handelns liegt in der Not!-wendigen Erweiterung klassisch reduktionistischer Vorstellungen, welche die Welt als im Grunde verstehbar und damit planbar, steuerbar und kontrollierbar annehmen. Der Dynamik und den Unsicherheiten beruflicher sowie gesamtgesellschaftlicher Entwicklungen ist mit isolierten Analysen, die einfache Ursache-Wirkungszusammenhänge unterstellen, nicht zu begegnen. Für den Umgang mit Komplexität benötigt es neue Kompetenzen und Konzepte, die adäquat auf diese eigenständigen Herausforderungen zu antworten versuchen. Dazu möchte dieses Buch einen Beitrag leisten.

Während die Tradition der Kollegialen Beratung in den psycho-sozialen Arbeitsfeldern wurzelt, da hier, historisch gesehen schon immer, die Aufgaben von komplexen, nicht routinisierbaren Kommunikationsprozessen gekennzeichnet sind, entstehen vergleichbare Aufgaben und Situationen in jüngerer Zeit auch in gewerblichen Arbeitsfeldern. Hierarchische Organisationslogiken, die aus dem Industriezeitalter folgten (wie effiziente Arbeitsteilung oder lineare Entscheidungswege), werden zunehmend um teambasierte, netzwerkförmige oder zirkuläre Organisationsdesigns erweitert. Hier erscheint das Format der Kollegialen Beratung anschlussfähig an die drängenden Fragen, die in Organisationen heute gestellt werden: Wie können Menschen selbstständiger Probleme lösen und zu Entscheidungen kommen? Wie kann sich in selbstorganisierter

Weise betriebliches Lernen ereignen? Welche teambezogenen Ansätze lassen sich für personen- wie auch organisationsbezogene Lern- und Entwicklungsprozesse nutzen? Kollegiale Beratung fördert eine gruppenorientierte Lern- und Arbeitskultur, konkrete betriebliche Fragestellungen können qualitativ hochwertig und zeitnah bearbeitet und die Lernergebnisse wiederum qualifiziert in die Organisation eingebracht werden. Das Format erfordert für betriebsinterne Gruppen zur Realisierung kein gesondertes Budget, außer die Bereitstellung von Arbeitszeit und Räumlichkeiten.

Den Anwendern wird damit ein Konzept Kollegialer Beratung an die Hand gegeben, das komplexer als andere Ansätze ist. Ihnen ist zu wünschen, dass sie sich dem Anspruch stellen, das eigene Problemlösehandeln und die eigenen Strategien der Entscheidungsfindung um das komplexitätsorientierte Paradigma zu erweitern. Also mit Gelassenheit das eigene Nicht-Wissen anzunehmen und sich lernend und explorierend Systemen zu nähern, sich eine Freude in der Unsicherheit zu bewahren, das Staunen über die kleinen Unterschiede, die einen Unterschied machen, zu kultivieren und wieder und wieder das Gemeinsame, Musterhafte, Verbindende in aller Differenz zu suchen.

Professionell Beratende könnten in Bezug auf das Format der Kollegialen Beratung mitunter Bedenken haben oder es impliziert als Konkurrenz betrachten. Wobei dieses Format, das weitgehend ohne professionelle Beratung auskommen kann, eben der professionellen Beratung den Boden bereiten kann. Wenn kollegiale Beratungsgruppen in einer Organisation aufgrund der guten Erfahrungen der Teilnehmenden eine positive Geschichte schreiben, ist zu beobachten, dass die Beratungsaffinität der einzelnen Akteurinnen wie auch die der Organisation steigt. Dies kann sich zum Beispiel daran zeigen, dass die Wahrscheinlichkeit, auch andere Formen der Beratung bereitwilliger und zielgerichteter zu nutzen, wächst. Des Weiteren könnte ein Beitrag professioneller Beratung sein, die eigenen Kunden in die Kollegiale Beratung einzuführen. Dies bildet dann eine sinnvolle Erweiterung des eigenen Beratungsportfolios, wenn es darum geht, Menschen begleitend Konzepte an die Hand zu geben, sodass diese sich eigenständig und gegenseitig in professionellen Settings unterstützen.

Literatur

Andersen, T. (Hrsg.) (1991). *Das reflektierende Team.* Dortmund: Modernes Lernen.
Andresen, J. (2018). *Agiles Coaching. Die neue Art, Teams zum Erfolg zu führen.* München: Hanser.
Argyris, C., Schön, D. A. (2006). *Die lernende Organisation. Grundlagen, Methode, Praxis* (3. Aufl.). Stuttgart: Klett-Cotta.
Belardi, N. (1994). *Supervision: Von der Praxisberatung zur Organisationsentwicklung* (2. Aufl.). Paderborn: Junfermann.
Berninger-Schäfer, E. (2018). *Online-Coaching.* Wiesbaden: Springer Fachmedien.
Brinkmann, R. D. (2013). *Intervision: Ein Trainingsbuch der kollegialen Beratung für die betriebliche Praxis* (2. Aufl.). Hamburg: Windmühle.
Buer, F. (1988). Praxisberatung psychosozialer Arbeit im Wandel – Von der psychoanalytischen Supervision zur psychodramatischen Intervision. *Gruppendynamik,* 19 (3), 311–327.
Bülow, A., Kunner, B. (2021). *Die Beratungsbeziehung in der Face-to-Face- und Video-Beratung.* Masterarbeit, Evangelische Hochschule Berlin – EHB. Berlin. https://dg-onlineberatung.de/veroeffentlichungen/ (Zugriff: 19.12.2022).
Dewey, J. (2002). *Wie wir denken: eine Untersuchung über die Beziehung des reflektiven Denkens zum Prozeß der Erziehung.* Zürich: Morgarten.
Dörhöfer, S., Eberling, W. (2009). Wissensaustausch sichtbar machen. *Wissensmanagement,* 11 (6), 42–44.
Dörner, D. (2014). *Die Logik des Misslingens. Strategisches Denken in komplexen Situationen* (erw. Neuausgabe, 12. Aufl.). Reinbek bei Hamburg: Rowohlt.
Dörner, D., Schaub, H., Strohschneider, S. (1999). Komplexes Problemlösen – Königsweg der Theoretischen Psychologie? *Psychologische Rundschau,* 50 (4), 198–205.
Ehinger, W., Hennig, C. (1997). *Praxis der Lehrersupervision. Leitfaden für Lehrergruppen mit und ohne Supervisor* (2. Aufl.). Weinheim/Basel: Beltz.
Engelhardt, E. M. (2018a). Blended Counseling. In E. M. Engelhardt (Hrsg.), *Lehrbuch Onlineberatung* (S. 127–136). Göttingen: Vandenhoeck & Ruprecht.
Engelhardt, E. M. (2018b). Onlineberatung per Video. In E. M. Engelhardt (Hrsg.), *Lehrbuch Onlineberatung* (S. 119–126). Göttingen: Vandenhoeck & Ruprecht.
Engelhardt, E. M., Engels, S. (2021). Einführung in die Methode der Videoberatung. *e-beratungsjournal.net – Fachzeitschrift für Onlineberatung und computervermittelte Kommunikation,* 17 (1), Art. 2. https://www.e-beratungsjournal.net/wp-content/uploads/2021/06/engelhardt_engels.pdf (Zugriff: 19.12.2022).
Fallner, H., Gräßlin, H.-M. (1990). *Kollegiale Beratung. Eine Systematik zur Reflexion des beruflichen Alltags.* Hille: Ursel Busch Fachverlag.
Fengler, J., Sauer, S., Stawicki, C. (2000). Peer-Group-Supervision. In H. Pühl (Hrsg.), *Handbuch der Supervision 2* (2. Aufl., S. 172–183). Berlin: Edition Marhold im Wissenschaftsverlag Spiess.

Funke, J., Fischer, A., Holt, D. (2018). Competencies for complexity: Problem solving in the twenty-first century. In P. E. Griffin, B. McGaw & E. Care (Hrsg.), *Assessment and teaching of 21st century skills* (S. 41–53). Berlin: Springer.

Goditsch, H., Schiepek, G., Aichhorn, W., Aas, B. (2018). Psychodrama für PatientInnen mit ausgeprägten strukturellen Störungen im stationären Setting. *Zeitschrift für Psychodrama und Soziometrie*, 17 (1), 159–172.

Gudjons, H. (1977). Fallbesprechungen in Lehrergruppen. *Westermanns Pädagogische Beiträge*, 29 (9), 373–379.

Haken, H. (1984). *Erfolgsgeheimnisse der Natur. Synergetik: Die Lehre vom Zusammenwirken.* Frankfurt a. M.: Ullstein.

Haken, H., Schiepek, G. (2010). *Synergetik in der Psychologie – Selbstorganisation verstehen und gestalten* (2., korr. Aufl.). Göttingen: Hogrefe.

Hausner, M. B. (2004). *Handbuch für LiveOnline-Moderatoren. Blended Learning erfolgreich einsetzen.* Albershausen: Eigenverlag/Die Unternehmenslotsen.

Hendriksen, J. (2011). *Intervision. Kollegiale Beratung in Sozialer Arbeit und Schule* (3. Aufl.). Weinheim: Beltz Juventa.

Hörmann, M. (2020). Systemisch beraten in digitalen Welten. Perspektiven und Herausforderungen. *Zeitschrift für Systemische Therapie und Beratung*, 38 (4), 143–149.

Kaesler, C. (2016). *Der Einfluss von Konsequenzerwartungen auf die Teilnahmemotivation und Nutzenbewertung von Personalentwicklungsmaßnahmen am Beispiel der kollegialen Beratung.* Dissertation. Bochum: Ruhr-Universität Bochum.

Kahneman, D. (2015). *Schnelles Denken, langsames Denken.* München: Pantheon.

Kaltenecker, S. (2017). *Selbstorganisierte Unternehmen: Management und Coaching in der agilen Welt.* Heidelberg: dpunkt.verlag.

Kopp, R., Vonesch, L. (2003). Die Methodik der Kollegialen Fallberatung. In H. Franz, R. Kopp (Hrsg.), *Kollegiale Fallberatung. State of the Art und organisationale Praxis* (S. 53–92). Bergisch-Gladbach: EHP.

Kreller, H. (2022). *Supervision in schrift- und videobasierter Online-Beratung. Fachforum Onlineberatung*, Nürnberg. https://fachforum-onlineberatung.de/fachforumarchiv/supervision-in-schrift-und-videobasierten-onlinesettings/ (Zugriff: 19.12.2022).

Kriz, J. (2017). *Subjekt und Lebenswelt: Personzentrierte Systemtheorie für Psychotherapie, Beratung und Coaching.* Göttingen: Vandenhoeck & Ruprecht.

Kühl, W., Krczizek, R. (2009). *Intervision einführen. Eine Pilotstudie zur Implementierung kollegialer Beratung in der Sozialen Arbeit.* Sozialmagazin, 34 (3), 35–47.

Kühl, W., Schäfer, E. (2020). *Intervision. Grundlagen und Perspektiven.* Wiesbaden: Springer Fachmedien.

Linderkamp, R. (2011). *Kollegiale Beratungsformen. Genese, Konzepte und Entwicklung.* Bielefeld: W. Bertelsmann.

Lippmann, E. D. (2013). *Intervision: Kollegiales Coaching professionell gestalten* (3., überarb. Aufl.). Wiesbaden: Springer.

Mainzer, K. (2008). *Komplexität.* Paderborn: Wilhelm Fink.

Meck, U. (2013). *Komplexitätsmanagement als Kompetenzmanagement. Eine funktionale Theorie erfolgskritischen Verhaltens beim Umgang mit Komplexität.* Dissertation, Universität Bamberg.

Müller, T., Müller, W. (2011). Von der wissenden zur »Lernenden Organisation« durch kollegiale Beratung und Dialog. In E. Tietel, R. Kunkel (Hrsg.), *Reflexiv-strategische Beratung. Gewerkschaften und betriebliche Interessenvertretungen professionell begleiten* (S. 105–125). Wiesbaden: VS Verlag für Sozialwissenschaften.

Mutzeck, W. (2008). *Kooperative Beratung: Grundlagen, Methoden, Training, Effektivität* (6., überarb. u. erw. Aufl.). Weinheim/Basel: Beltz.

Mojzisch, A. (2007). Fragebogen zur Arbeit im Team (FAT). *Zeitschrift für Arbeits- und Organisationspsychologie A&O*, 51 (3), 137–142.
Nowoczin, J. (2012). *Kollegiale Beratung in der Führungspraxis*. Bielefeld: W. Bertelsmann.
Orthey, A., Rotering-Steinberg, S. (2001). Konzept und Erfahrungen zur Lehr-/Lernsupervision im Tandem: Tandemintervision. *Gruppendynamik und Organisationsberatung*, 32 (4), 393–402.
Pallasch, W. (1991). *Supervision: Neue Formen beruflicher Praxisbegleitung in pädagogischen Arbeitsfeldern*. Weinheim/München: Juventa.
Patrzek, A., Scholer, A. (2018). *Systemisches Fragen in der kollegialen Beratung*. Weinheim/Basel: Beltz.
Reindl, R. (2018). Zum Stand der Onlineberatung in Zeiten der Digitalisierung. *e-beratungsjournal.net – Fachzeitschrift für Onlineberatung und computervermittelte Kommunikation*, 14 (1), Art. 2. https://www.e-beratungsjournal.net/wp-content/uploads/2018/03/reindl.pdf (Zugriff: 19.12.2022).
Rogers, C. R. (1959/2009). *Eine Theorie der Psychotherapie, der Persönlichkeit und der zwischenmenschlichen Beziehungen* (Neuaufl.). München: Ernst Reinhardt.
Rosa, H. (2022). *Resonanz: Eine Soziologie der Weltbeziehung* (6. Aufl.). Berlin: Suhrkamp.
Rotering-Steinberg, S. (2005). *Anleitungen zur Kollegialen Supervision und Qualitätszirkelarbeit sowie zum Kollegialen Coaching* (2., korr., erw. u. aktual. Aufl.). Tübingen: dgvt.
Schiepek, G., Eckert, H., Kravanja, B. (2013). *Grundlagen systemischer Therapie und Beratung. Psychotherapie als Förderung von Selbstorganisationsprozessen*. Göttingen: Vandenhoeck & Ruprecht.
Schiersmann, C. (2021). *Beratung im Kontext lebenslangen Lernens*. Bielefeld: wbv.
Schiersmann, C., Thiel, H.-U. (2012). Beratung als Förderung von Selbstorganisationsprozessen – eine Theorie jenseits von »Schulen« und »Formaten«. In C. Schiersmann, H.-U. Thiel (Hrsg.), *Beratung als Förderung von Selbstorganisationprozessen – Empirische Studien zur Beratung von Personen und Organisationen auf der Basis der Synergetik* (S. 14–79). Göttingen: Vandenhoeck & Ruprecht.
Schiersmann, C., Thiel, H.-U. (2016). Systemmodellierung als Methode der Musteranalyse und -veränderung in der Organisationsentwicklung. In M. Göhlich, S. M. Weber, A. Schroer, M. Schemmann (Hrsg.), *Organisation und Methode. Beiträge der Kommission Organisationspädagogik* (S. 189–199). Wiesbaden: Springer VS.
Schiersmann, C., Thiel, H.-U. (2018). *Organisationsentwicklung. Prinzipien und Strategien von Veränderungsprozessen* (5., überarb. u. aktual. Aufl.). Wiesbaden: Springer VS.
Schiersmann, C., Thiel, H.-U. (2019). Reflexion in personen- und organisationsbezogenen Beratungsprozessen: Grundlage für einen kreativen Umgang mit Komplexität und Unsicherheit. In M. Rohs, I. Schüßler, H.-J. Müller, M. Schiefner-Rohs (Hrsg.), *Pädagogische Perspektiven auf Transformationsprozesse. Reflexionen auf Rolf Arnolds Forschen und Wirken* (S. 269–284). Bielefeld: wbv.
Schlee, J. (2019). *Kollegiale Beratung und Supervision für pädagogische Berufe: Hilfe zur Selbsthilfe. Ein Arbeitsbuch* (4. Aufl.). Stuttgart: Kohlhammer.
Schley, V., Schley, W. (2010). *Handbuch Kollegiales Teamcoaching: Systemische Beratung in Aktion*. Innsbruck: Studienverlag.
Schlippe, A. von, Schweitzer, J. (2012). *Lehrbuch der systemischen Therapie und Beratung I: Das Grundlagenwissen* (2. Aufl.). Göttingen: Vandenhoeck & Ruprecht.
Schlippe, A. von, Schweitzer, J. (2019). *Systemische Interventionen* (4. Aufl.). Göttingen: Vandenhoeck & Ruprecht.
Schmid, B., Veith, T., Weidner, I. (2010). *Einführung in die kollegiale Beratung*. Heidelberg: Carl-Auer.
Schottler, W. (2022). Optimierung von E-Learning in der Vermittlung von Praxisanforderungen und Schlüsselkompetenzen im Gesundheitswesen. In M. Pfannstiel, P. F.-J. Steinhoff (Hrsg.),

E-Learning im digitalen Zeitalter. Lösungen, Systeme, Anwendungen (S. 219–242). Wiesbaden: Springer Fachmedien.

Schulz von Thun, F. (2017). *Miteinander reden 3. Das »Innere Team« und situationsgerechte Kommunikation.*(26. Aufl.). Reinbek bei Hamburg: Rowohlt.

Selvini Palazzoli, M. (1982). *Magersucht. Von der Behandlung einzelner zur Familientherapie.* Stuttgart: Klett-Cotta.

Simon, P. (2003). Wie sich Gruppen entwickeln: Modellvorstellungen zur Gruppenentwicklung. In S. Stumpf, A. Thomas (Hrsg.), *Teamarbeit und Teamentwicklung* (S. 35–55). Göttingen: Hogrefe.

Strunk, G. (2020). *Free Hugs: Komplexität verstehen und nutzen.* Wien: Complexity-Research.

Strunk, G., Schiepek, G. (2013). *Systemische Psychologie. Eine Einführung in die komplexen Grundlagen menschlichen Verhaltens* (unveränd. Nachdruck). Heidelberg: Elsevier/Spektrum/Akademischer Verlag.

Strunk, G., Schiepek, G. (2014). *Therapeutisches Chaos.* Göttingen: Hogrefe.

Thiery, H. (2018). *Was ist Online-Beratung? Ein differenztheoretischer Vergleich.* Deutschsprachige Gesellschaft für psychosoziale Online-Beratung e. V. (DGOB). https://nbn-resolving.org/urn:nbn:de:0168-ssoar-74192-5 (Zugriff: 19.12.2022).

Thiery, H., Kreller, H. (2021). *Primat der Kopräsenz – Mythos, Trugschluss, Innovationsbremse. Ein Weckruf.* https://dg-onlineberatung.de/wp-content/uploads/2021/01/Primat-der-Kopra%CC%88senz.pdf (Zugriff: 19.12.2022).

Tietze, K.-O. (2010). *Wirkprozesse und personenbezogene Wirkungen von kollegialer Beratung. Theoretische Entwürfe und empirische Forschung.* Wiesbaden: VS Verlag für Sozialwissenschaften.

Tietze, K.-O. (2013). *Kollegiale Beratung. Problemlösungen gemeinsam entwickeln* (6. Aufl.). Reinbek bei Hamburg: Rowohlt.

Tietze, K.-O. (2016). Kollegiale Beratung. In M. Dick, W. Marotzki, H. Mieg (Hrsg.), *Handbuch Professionsentwicklung* (S. 309–320). Bad Heilbrunn: Julius Klinkhardt.

Tietze, K.-O. (2019). Kollegiale Beratung – einfach aus der Ferne, komplex aus der Nähe. *Organisationsberatung, Supervision, Coaching, 26* (4), 439–454.

Vester, F. (2007). *Die Kunst vernetzt zu denken. Ideen und Werkzeuge für einen neuen Umgang mit Komplexität* (6. Aufl.). München: dtv.

Völschow, Y. (2012). »Kollegiales Coaching« in der Führungskräfteentwicklung des Landesdienstes. *Gruppendynamik und Organisationsentwicklung,* 43 (1), 5–23.

Völschow, Y. (2016). Kollegiales Coaching bei Justiz und Polizei. Konzeption und Erfahrungen aus einem Pilotprojekt. In R. Wegener, M. Loebbert, A. Fritze (Hrsg.), *Zur Differenzierung von Handlungsfeldern im Coaching. Die Etablierung neuer Praxisfelder* (S. 345–353). Wiesbaden: Springer VS.

Watzlawick, P., Beavin, J. H., Jackson, D. D. (2017). *Menschliche Kommunikation. Formen, Störungen, Paradoxien* (13., unveränd. Aufl.). Bern: Hogrefe.

Willke, H. (2014). *Systemtheorie III: Steuerungstheorie* (4., überarb. Aufl.). Konstanz: UVK-Verlagsgesellschaft.

Anhang

Leitfäden

Leitfaden prozessumfassendes Wirkprinzip Stabilität 111
Leitfaden Prozessgestaltung 115
Leitfaden Prozessreflexion 124
Leitfaden Inneres Team 129
Leitfaden System-Struktur-Zeichnung 132
Leitfaden Systemmodellierung 137

Arbeitshilfen

Handlungsempfehlungen und Tipps Live-Online-Veranstaltungen 141
Zusammenfassung: Prozessumfassende und prozessbezogene Wirkprinzipien 142
Protokollbogen Fallbesprechung 143
Protokollbogen Systemmodellierung 145

Leitfaden prozessumfassendes Wirkprinzip Stabilität

Kollegiale Beratung auf der Grundlage des Heidelberger integrativen Prozessmodells

Hinweise zum Einsatz des Leitfadens

Dieser Leitfaden ist vor allem für eine erste konstituierende Sitzung wichtig. Es geht darum, Aspekte der strukturellen, psychologischen und kommunikativen Stabilität zu diskutieren, gemeinsame Eckpunkte dazu zu verabschieden und auch schriftlich festzuhalten.

In der ersten Sitzung sollten dazu 1 bis 1,5 Stunden veranschlagt werden. Darüber hinaus macht es Sinn, sich die auf dieser Basis vereinbarten Prinzipien ab und an wieder in Erinnerung zu rufen.

Teilaspekt	Frageimpulse & Anregungen
Strukturelle Stabilität	
Erwartungen (und Bedenken) hinsichtlich der gemeinsamen Arbeit abklären	- Welche Erwartungen verbinden die Mitglieder der kollegialen Beratungsgruppe im Hinblick auf ihren jeweiligen *persönlichen Gewinn*, den *Lernprozess* der Gruppe und den *Transfer* von Lernerfahrungen in den organisationalen Kontext? - Bestehen Bedenken im Hinblick auf die gemeinsame Arbeit oder deren Rahmenbedingungen, die sich artikulieren lassen?
Gemeinsam geteilte Ziele formulieren	Welche Ziele strebt die Gruppe an im Hinblick auf … - die jeweilige ratsuchende Person? *Beispiel:* Gewinnung von Unterstützung und Lösungsideen im Hinblick auf schwierige berufliche Situationen - die Gruppe als Ganze und deren gemeinsamen Lernprozess? *Beispiel:* Erweiterung von Problemlöse- und Beratungskompetenz - die jeweilige Organisation der einzelnen Mitglieder? *Beispiel:* Förderung der betrieblichen Kommunikations- und Lernkultur durch den Transfer von Erfahrungen aus der Kollegialen Beratung
Organisatorische Rahmenbedingungen klären	Aspekte für organisatorische Rahmenbedingungen: - Welches ist die gewünschte minimale bzw. maximale Gruppengröße? - Welcher Zeitraum für eine Sitzung erscheint angemessen und praktikabel? Sollen die Sitzungen eher kürzer sein und dafür häufiger stattfinden oder eher länger und dafür seltener? Wie viele Fälle können je nach zeitlichem Umfang in einer Sitzung bearbeitet werden? - Will die Gruppe sich vor Ort treffen, im Live-Online-Setting oder auch beide Settings im Wechsel benutzen? - Entstehen für Räumlichkeiten und Verpflegung Kosten? Wenn ja, wie können diese gedeckt werden? - Ist eine angemessene Ausstattung des Raumes gewährleistet (z. B. Art und Anordnung des Mobiliars, Flipchart, Pinnwand, Moderationsmaterial, ggf. Laptop und Beamer)? - Wie wird die Verbindlichkeit der Teilnahme geregelt, z. B. der Umgang mit Fehlen oder mit kurzfristigen Absagen und wie oft darf eine Person fehlen? - Wie werden Ein- oder Austritte in die oder aus der Gruppe gehandhabt? - Wie wird das Format Kollegiale Beratung in der betrieblichen Struktur und Kultur verankert?
Sich über zu verteilende Rollen verständigen und deren Ausgestaltung konkretisieren	- Notwendige Rollen: Ratsuchende*r, Moderator*in, Beratende, Protokollant*in - Optional: Zeitwächter*in, Prozessbeobachter*in In kleineren Gruppen kann eine Person auch zwei Rollen übernehmen, z. B. Protokollant*in und Zeitwächter*in oder Moderator*in und Zeitwächter*in. Die Gruppe sollte sich vergewissern, wie die Ausgestaltung der Rollen konkretisiert werden soll (z. B. Erwartungen an Moderator*in oder Protokollant*in oder der Einsatz digitaler Medien).

Teilaspekt	Frageimpulse & Anregungen
Strukturelle Stabilität	
Sich mit der Ablaufstruktur vertraut machen	- Sind die Wirkprinzipien Kollegialer Beratung verständlich? - Soll die Fallbearbeitung mit möglichst verschiedenen Gesprächsimpulsen bzw. Methoden erfolgen (s. dazu Kapitel 6) oder möchte die Gruppe vorläufig mit dem Einsatz weniger Methoden zunächst mehr Sicherheit und Routine erreichen? - Will die Gruppe bei konkretem Bedarf oder routinemäßig in bestimmten Abständen professionelle Beratende zur Reflexion ihrer Arbeit hinzuziehen? Wer zahlt ggf. dafür?
Psychologische Stabilität	
Sich auf Grundsätze für die gemeinsame Arbeit verständigen	Beispiele für Grundsätze - Lern- und Veränderungsbereitschaft: »Wir sind bereit, alte Gewohnheiten zu hinterfragen und unsere Komfortzone zu verlassen.« - Vertrauen und Vertraulichkeit: »Wir pflegen einen offenen und wahrhaftigen Umgang und lassen persönliche Informationen im Raum.« - Verantwortung und Engagement: »Wir zeigen Respekt, indem wir gemeinsam Verantwortung für den Prozess übernehmen.« - Selbstwirksamkeit: »Ich traue mir selbst Veränderung zu und fühle mich den Anforderungen gewachsen.«
Kommunikative Stabilität	
Wertschätzende Kommunikation	Grundhaltungen der Kommunikation - Empathie: Sich in die Gedanken und emotionale Lage der ratsuchenden Person hineinversetzen und die Wahrnehmungen spiegeln - Wertschätzung: Ratsuchende*n ohne Bedingen annehmen und auf einer menschlichen Ebene akzeptieren - Kongruenz: Innere Haltung der Beratenden übereinstimmend mit dem, was sie ausdrücken oder tun
Anschlussfähige Kommunikation	- Welche Begriffe, Bilder, Methapern oder Redewendungen sind für die Sichtweise der ratsuchenden Person typisch? - Welche Gefühle werden neben verbalen Formulierungen (z. B. durch Atmung, Stimmführung oder Körperhaltung) ausgedrückt und wie können sie aufgegriffen werden? - Wie viel Konkretion im Gespräch ist möglich und notwendig, um den eingebrachten Fall zu verstehen und zu bearbeiten, und wie viel Abstraktion erforderlich, um Perspektivwechsel und Dissoziation im Gespräch anzuregen?
Explorierende Kommunikation	Fragen bzw. Gesprächsimpulse wählen, die Zusammenhänge verdeutlichen und neue Perspektiven eröffnen (s. Kapitel 6.1). Beispiele: - zirkuläre Frage: »Was glauben Sie, was die anderen Mitarbeiter des Teams über Ihren Streit mit dem Kollegen X denken?« - Reframing: Ein aggressives Verhalten eines Kollegen kann in einem Streit mit einem schwierigen Kunden auch als Durchsetzungsfähigkeit interpretiert werden. - positive Konnotation: Ratsuchende*r: »Mein Chef überfordert mich.« Berater*in: »Ihr Chef traut Ihnen viel zu.«

Teilaspekt	Frageimpulse & Anregungen
Kommunikative Stabilität	
Zeitliche und prozessuale Resonanz	Prozess und Entwicklungsgeschwindigkeit: Die Geschwindigkeit und den Verlauf des Beratungsprozesses auf die Befindlichkeit der ratsuchenden Person abstellen – »Gibt es für den Verlauf der Kollegialen Beratung für diesen Fall hier heute etwas zu beachten?« Zeitpunkt: Es gilt zudem darauf zu achten, wann bei dem jeweiligen Fall ein geeigneter Zeitpunkt (Kairos) für den Anstoß einer Veränderung gegeben ist. – »Wäre jetzt ein konkreter nächster Schritt passend?«
Kommunikative Kompetenzen der Gruppenmitglieder	– Welche persönlichen Ressourcen (insbesondere Beratungs- und Moderationskompetenzen) bringen die Gruppenmitglieder mit?

Leitfaden Prozessgestaltung
Kollegiale Beratung auf der Grundlage des Heidelberger integrativen Prozessmodells

Prozessumfassende Stabilität schaffen

Strukturelle Stabilität

- Erwartungen & Bedenken
- Gemeinsame Ziele
- Organisatorische Rahmenbedingungen
- Rollen & Ablaufstruktur

Psychologische Stabilität

- Lern- & Veränderungsbereitschaft
- Vertrauen & Vertraulichkeit
- Verantwortung & Engagement
- Selbstwirksamkeit

Kommunikative Stabilität

- Wertschätzende Kommunikation
- Anschlussfähige Kommunikation
- Explorierende Kommunikation
- Zeitliche & prozessuale Resonanz

Prozessbezogene Stabilität schaffen

Befindlichkeitsrunde | Rollen verteilen | Fälle sammeln und auswählen

Auswertung & Transfer ermöglichen

- (R) Auswertung der Problemlösung
- (R, B) Transfer der Problemlösung auf andere Situationen der Problemlösung

Umsetzung & Musterbrechung fördern

- (R) Erfolgsversprechende Lösungsideen (attraktive Muster) mental in Handlungsszenarien überführen

Lösungswege sammeln

- (B) Sammlung von Lösungswegen
- (R) Lösungswege kommentieren

System & Muster identifizieren

- (R) Schilderung des Falles auf kognitiver, emotionaler und verhaltensbezogener Ebene
- (R) Formulierung der Fokus-Frage
- (B) Rückfragen der Beratenden
- (B) Gesprächsimpulse & Hypothesen
- (R) Kommentierung der Annahmen

Ziele & Erfolgsfaktoren formulieren

- (B) Finden möglicher Ziele
- (R) Kommentieren möglicher Ziele
- (R) Erfolgsfaktoren identifizieren

Übersicht zum Prozess der Kollegialen Beratung (R: Ratsuchende*r; B: Beratende)

Hinweise zum Einsatz des Leitfadens

Der Leitfaden Prozessgestaltung enthält einen ausgearbeiteten Vorschlag zur Durchführung einer kollegialen Beratungsgruppe. Er orientiert sich inhaltlich an den prozessbezogenen Wirkprinzipien des Heidelberger integrativen Prozessmodells.

Diese müssen nicht zwingend immer und umfassend bei einer Sitzung bearbeitet werden. Es ist auch möglich, auf einer späteren Sitzung einen Fall wieder aufzugreifen und die nächsten Schritte zu bearbeiten. Die gilt insbesondere dann, wenn für die Identifikation der Muster ein anspruchsvolleres methodisches Instrument gewählt wird wie Systemmodellierung, System-Struktur-Zeichnung oder Ähnliches. Erfahrene Gruppen können auf Wunsch des Falleinbringers oder der Moderatorin von der strengen Abfolge abweichen und z. B. mit der Suche nach Zielen vor der Analyse starten.

Im Leitfaden wird zu den jeweiligen Wirkprinzipen beschrieben, wie viel *Zeit* dafür ungefähr genutzt werden sollte, wer als *Beteiligte* die einzelnen Schritte gestaltet, welche *Aufgabe* hierfür vorgesehen ist und welche *Gesprächsimpulse und Tipps* als Anregungen zur Gesprächsgestaltung genutzt werden können.

Dort, wo konkrete Fragen formuliert sind, um den Prozessleitfaden möglichst gut handhabbar zu machen, kann es sein, dass diese nicht perfekt für alle Fälle passen; sie können fallspezifisch modifiziert verwendet werden.

Leitfaden Prozessgestaltung

Wirkprinzip	Zeit	Beteiligte	Aufgabe	Gesprächsimpulse & Tipps
1. Stabilität schaffen	20 Min			
Kurze Runde zum Ankommen und Einstimmen	10 Min	Gruppe	Jede Sitzung sollte mit einer kurzen Befindlichkeitsrunde zum Ankommen und Zusammenfinden beginnen. Ggf. sollte über Entwicklungen bereits bearbeiteter Fälle berichtet werden.	– Wie geht es mir im Moment? – Welche Ratsuchenden aus vergangenen Runden wollen über mögliche Fortschritte der Umsetzung berichten?
Fälle sammeln und auswählen	5 Min	Gruppe	Aktuelle Fälle werden von den Teilnehmenden in wenigen Sätzen vorgestellt. Es wird eine Reihenfolge der Bearbeitung festgelegt, Zeitabsprachen werden getroffen.	– Prioritäten für die Auswahl von Fällen festlegen, z. B. Dringlichkeit oder Anschlussfähigkeit für die übrigen Gruppenmitglieder – Circa 90 Minuten je Fall einplanen – Mehr Zeit vorsehen für Systemmodellierung (ca. eine Stunde), System-Struktur-Zeichnung oder inneres Team (ca. 30 Minuten)
Rollen verteilen	5 Min	Gruppe	Für jede Fallbesprechung werden Rollen neu verteilt: Ratsuchende*r, Moderator*in, Zeitwächter*in, Protokollant*in und ggf. Prozessbeobachter*in.	– Wer übernimmt für die kommende Runde die Moderationsrolle? Moderator*in kann dann für den weiteren Prozess gleich in die Rolle wechseln – Welche Rollen können, ggf. gemeinsam eingenommen werden (Zeitwächter*in und Protokollant*in)?

© Brill Deutschland GmbH/Vandenhoeck & Ruprecht
C. Schiersmann/M. B. Hausner: Kollegiale Beratung: komplexe Situationen gemeinsam meistern – ISBN 978-3-525-40864-3

Wirkprinzip	Zeit	Beteiligte	Aufgabe	Gesprächsimpulse & Tipps
2. System und Muster identifizieren	35 Min			
Schilderung des Falles auf kognitiver, emotionaler und verhaltensbezogener Ebene	10 Min	Ratsuchende*r	Die ratsuchende Person schildert die aktuelle Ist-Situation und – sofern für das Verständnis erforderlich – deren Entstehung. Sie sollte Fall-Informationen für die Gruppe visualisieren (Flipchart, Pinnwand) und neben der Beschreibung der Situation auch eigene Gedanken und Gefühle schildern. Die Beratenden hören zu und machen sich ggf. Notizen, unterbrechen jedoch nicht. Die ratsuchende Person schildert eine möglichst konkrete typische Situation für den Fall. Die Schilderung sollte nicht bewertend, sondern beschreibend erfolgen. Die Schilderung sollte deutlich machen, um welches System es geht und welcher Veränderungsbedarf vorliegt im Sinne ungünstiger/günstiger kognitiver, emotionaler und verhaltensbezogener (KEV-) Muster.	– Worum geht es? Was ist das Anliegen/Thema/Problem? – Wie hat sich die Situation entwickelt? – »Was haben Sie bisher schon versucht, um die Situation zu verändern und welche Konsequenzen haben diese Bemühungen ausgelöst?« – »Welches ist Ihre Rolle in der Situation?« – Welche internen und externen Faktoren haben Einfluss auf die Situation? – »Welche Gefühle löst die Situation bei Ihnen aus?« – Statt »Mein Vorgesetzter ignoriert immer meine Vorschläge« besser: »Ich hatte ein Gespräch mit meinem Vorgesetzten und trug ihm eine Projektidee vor. Er ging aber nicht darauf ein.« – »Es geht um die Zusammenarbeit mit meinem Chef (System) und unsere (Muster der) Kommunikation.«

Leitfaden Prozessgestaltung

Phase	Zeit	Rolle	Beschreibung	Fragen/Beispiele
Formulierung der Fokus-Frage	5 Min	Ratsuchende*r	Ratsuchende*r spitzt zu, welche Frage er oder sie mit der Gruppe klären will	– »Welche konkrete Frage wollen Sie heute mit der Gruppe klären?«
		Protokollant*in	Protokollant*in visualisiert Fokus-Frage für die Gruppe	
Rückfragen der Beratenden zur Situationsschilderung	5 Min	Beratende	Die Beratenden stellen Verständnisfragen zum Fall und zur Fokus-Frage.	– Welche Rückfragen haben die Beratenden zum eingebrachten Fall?
Formulierung von Hypothesen	10 Min	Beratende	Die Beratenden formulieren Hypothesen und Zusammenhänge zur Ist-Situation und versuchen, Muster zu identifizieren. Sie sollen an dieser Stelle noch keine Lösungen vorschlagen. Ratsuchende*r hört zu und kommentiert nicht	– »Welche Annahmen möchten Sie als Beratende vor dem Hintergrund des Gehörten äußern?« – »Welche Muster sind Ihrer Meinung nach erkennbar?« – Welche internen und externen Faktoren beeinflussen die Situation positiv, welche negativ? – Welche Stärken/Ressourcen/Kompetenzen der Beteiligten zeigen sich in der Situation (wenn auch nur ansatzweise)? – Lassen sich Zusammenhänge entdecken (intra-psychische, interaktionelle, institutionelle oder gesellschaftliche Muster/Regelhaftigkeiten des Denkens, Erlebens und Verhaltens)?
		Protokollant*in	Protokollant*in visualisiert für die Gruppe	
Kommentierung der Annahmen	5 Min	Ratsuchende*r	Ratsuchende*r nimmt Stellung zu den Ausführungen der Beratenden	– »Welche Beiträge nehmen Sie als stimmig und bedeutsam wahr?« – Bewertung – Zustimmung: »+« für Zustimmung, »0« für unklar und ein »–« für Ablehnung – Alternativ: Bewertung – Skala von 1-10: »1« für Ablehnung bis »10« für Zustimmung

Wirkprinzip	Zeit	Beteiligte	Aufgabe	Gesprächsimpulse & Tipps
3. Ziele und Erfolgsfaktoren formulieren	15 Min			
Finden möglicher Ziele	5 Min	Beratende	Die Beratenden benennen via Brainstorming mögliche Ziele. Die moderierende Person ermutigt zu zahlreichen Beiträgen, denn »alles« an Beiträgen ist erlaubt. Dabei können die Beiträge sich darauf richten, dass ... - Ziele als Teil- und Zwischenziele konkretisiert werden, - Ziele nicht als Angabe von nicht erwünschten oder zu vermeidenden Zuständen, sondern als Vorstellungen über den erwünschten Zustand formuliert werden, - Neben- und Folgewirkungen der formulierten Ziele in Betracht gezogen werden.	– »Ich lade die Beratenden nun ein, zu formulieren, was aus der Sicht der ratsuchenden Person mögliche Ziele sein könnten.« – »Äußern Sie frei Ihre Assoziationen. Sie sind nicht verantwortlich für die Idee« – »Was könnten attraktive Muster sein?« – »Was könnten bedeutsame Ziele sein?« – »Welche Bilder/Zielzustände haben Sie für die nahe und die etwas fernere Zukunft? Was ist dann eingetreten?«
		Protokollant*in	Protokollant*in visualisiert die Beiträge	
Kommentieren möglicher Ziele	5 Min	Ratsuchende*r	Ratsuchende*r kommentiert nach Abschluss der Sammlung die vorliegenden Zielformulierungen und stellt Bezug der Ziele zum Selbstkonzept (z. B. berufliche Überzeugungen, Life-Work-Balance) her	– »Was ist für Sie relevant und bedeutsam?« – »Welches Ziel bzw. welche Ziele sind stimmig in Bezug auf Ihr Selbstkonzept (z. B. die beruflichen Überzeugungen)?« – »Welche Muster erscheinen Ihnen attraktiv?«

Phase	Zeit	Rolle	Inhalt / Vorgehen	Leitfragen / Impulse
Erfolgsfaktoren identifizieren	5 Min	Ratsuchende*r startet Beratende unterstützen	Identifikation veränderbarer und beeinflussbarer Erfolgsfaktoren: – Persönliche Ressourcen, – Interne Einflussfaktoren, wie bspw. Vertrauen, Mut, Selbstwirksamkeit, Neugier oder auch Sorgen, Ärger oder Ohnmacht, …, – Externe Einflussfaktoren, z. B. Arbeitsbedingungen, Personen, Arbeitssituation, Arbeitsmarktsituation	– »Welche Erfolgsfaktoren sollten stärker oder schwächer werden, damit neue Muster entstehen?« – »Welche Ressourcen (kognitive, emotionale, verhaltensbezogene) stärken Ihre Veränderungsmotivation?« – »Welche Rahmenbedingungen (materielle, kulturelle, organisationale) können die Veränderungsmotivation stärken?« – »Welche Faktoren können Sie selbst beeinflussen?«
		Protokollant*in	Protokollant*in visualisiert	
4. Lösungswege sammeln	10 min			
Sammlung von Lösungswegen	5 Min	Beratende	Beratende benennen via Brainstorming mögliche Lösungswege auf der Basis von Expertenwissen oder persönlicher Assoziationen	– Welche Schritte, Aktivitäten, Initiativen können auf den Weg der Zielerreichung von Hilfe sein? – Welche »kleinen« Experimente könnten gestartet werden, um neue Wege zum Ziel zu entdecken? – Werden durch die geplanten Schritte neue Perspektiven und Erfahrungsmöglichkeiten eröffnet? Wenn ja, wie oder wodurch? – Besteht eine angemessene Balance zwischen einer zu detaillierten und einer zu vagen Planung?
		Protokollant*in	Protokollant*in visualisiert Lösungswege	
Kommentierung der Lösungswege	5 Min	Ratsuchende*r	Ratsuchende*r nimmt Stellung zu den Lösungswegen der Beratenden und wählt nach Möglichkeit ein bis zwei Ideen aus	– »Welche Beiträge nehmen Sie als stimmig und bedeutsam wahr?« – Bewertung – Zustimmung: »+« für Zustimmung, »0« für unklar und ein »–« für Ablehnung – Alternativ: Bewertung – Skala von 1–10: »1« für Ablehnung bis »10« für Zustimmung

Wirkprinzip	Zeit	Beteiligte	Aufgabe	Gesprächsimpulse & Tipps
5. Umsetzung und Musterbrechung fördern	10 Min			
		Ratsuchende*r	Ratsuchende*r überführt in Form lauten Sprechdenkens (Thinking aloud) die attraktiven Lösungswege der Beratenden in mögliche Handlungsszenarien	– »Was werden Sie verstärken oder neu beginnen?« – »Was werden Sie beibehalten, jedoch unter einer neuen Betrachtungsweise (Perspektivwechsel)?« – »Was werden Sie beenden, stoppen oder weniger tun?« – »Woran können Sie feststellen, dass Sie ein neues Muster (des Denkens, Fühlens/Erlebens und Verhaltens) im Ansatz verwirklicht haben?« – »Was wird dies konkret für die kommenden Tage/Wochen/Monate bedeuten?« – »Was von dem Gehörten wollen die Beratenden verstärkend kommentieren?«
		Beratende	Beratende kommentieren ggf. wertschätzend, verstärkend	
6. Auswertung und Transfer ermöglichen	20 min			
Auswertung der Fallbesprechung	5 Min	Ratsuchende*r	Ratsuchende*r formuliert perspektivisch in Form lauten Sprechdenkens neue Muster	– »Wenn Sie die neuen Umsetzungsschritte gehen werden: Woran erkennen Sie, dass sie in die richtige Richtung führen?« – »Wie wird es Ihnen dann ergehen und was werden Sie hinzugewinnen?«
		Beratende	Ggf. kommentieren die Beratenden wertschätzend. Dies kann auch in einer späteren Sitzung bearbeitet werden, wenn reale Erfahrungen vorliegen.	

Phase	Zeit	Rolle	Beschreibung	Fragen
Transfer der Erkenntnisse auf andere Situationen	5 Min	Rat-suchende*r	Die ratsuchende Person formuliert perspektivisch in Form lauten Sprechdenkens, auf welche Situationen sich die Lösungswege möglicherweise übertragen ließen. Dies kann auch in einer späteren Sitzung bearbeitet werden, wenn reale Erfahrungen vorliegen.	– Wird sich das neue Muster (des Denkens, Fühlens oder Verhaltens) aus jetziger Sicht auf andere Situationen übertragen lassen? – Inwiefern könnten die gewonnen Impulse für andere Fragestellungen oder Herausforderungen von Nutzen sein?
Reflexion des Beratungsprozesses				
Sharing der Gruppenmitglieder	5 Min	Gruppe	Gruppenmitglieder können äußern, was der Fall bei ihnen ausgelöst hat und ob sie ähnliche oder gegensätzliche Erfahrungen gemacht haben.	– »Was hat die Fallbesprechung im Hinblick auf das bearbeitete Thema bei Ihnen ausgelöst?«
Reflexion des Gruppenprozesses	5 Min	Gruppe	Alle Beteiligten, beginnend mit dem/der Ratsuchenden, tragen zusammen, was der Gruppe im Rahmen der Fallbesprechungen gelungen ist und was ggf. noch verbessert werden könnte.	
		Prozess-beob-achter*in	Sofern Prozessbeobachter*in ausgewählt wurde, stellt diese*r die Einschätzungen anhand des bearbeiteten Prozessbeobachtungsbogens vor	
		Gruppe	Alle Teilnehmenden einigen sich ggf. auf konkrete Schritte zur Weiterentwicklung der gemeinsamen Arbeit.	– »Gibt es Erkenntnisse, zu denen wir als Gruppe Vereinbarungen treffen wollen?«

Leitfaden Prozessreflexion

Kollegiale Beratung auf der Grundlage des Heidelberger integrativen Prozessmodells

Hinweise zum Einsatz des Leitfadens

Der Leitfaden Prozessreflexion dient dazu, den Verlauf der Kollegialen Beratung zu bewerten, sodass die Gruppe Feedback über die Qualität des Prozesses erhält und die Gelingensbedingungen für wirksame Beratung weiterentwickeln kann. Ist die Rolle als Prozessbeobachter*in vergeben, so füllt diese Person den Leitfaden aus. Dieser kann auch alternativ von jedem Gruppenmitglied nach der Fallbearbeitung bearbeitet werden.

Dabei geht es um die Bewertung der Prozessqualität und nicht um die inhaltlichen Aspekte des Falls. Nehmen Sie für jede der Aussagen eine Einschätzung vor für »− −« = »gar nicht gelungen«, »−« = »eher nicht gelungen«, »+« = »eher gelungen« und »++« = »sehr gut gelungen«.

Tauschen Sie sich im Anschluss zu den Einschätzungen aus, begründen Sie diese, sofern nötig, bei der Diskussion und treffen Sie Vereinbarungen für weitere Entwicklungen der Arbeit in der Gruppe.

1. Stabilität schaffen	− −	−	+	++	Kommentare
Ankommen und Einstimmen: Befindlichkeitsrunde, Berichte zu bereits bearbeiteten Fällen	☐	☐	☐	☐	
Fälle sammeln und auswählen: Fälle zusammentragen und zeitliche Abfolge vereinbaren	☐	☐	☐	☐	
Rollen verteilen: Ratsuchende, Beratende, Moderator*in, Protokollant*in, Zeitwächter*in, Prozessbeobachter*in; Rollenkombinationen klären	☐	☐	☐	☐	

Leitfaden Prozessreflexion

2. System und Muster identifizieren	– –	–	+	+ +	Kommentare
Schilderung des Falles auf kognitiver, emotionaler und verhaltensbezogener Ebene: Klare, hinreichend umfassende und beschreibende, nicht bewertende Darstellung; geklärte Beteiligung der falleinbringenden Person	☐	☐	☐	☐	
Formulierung der Fokus-Frage: Verständlich und konkret formuliert	☐	☐	☐	☐	
Rückfragen der Beratenden: Wertschätzend und konkret	☐	☐	☐	☐	
Formulierung von Hypothesen: Vermutende Formulierungen von KEV-Mustern, internen/externen Einflussfaktoren und Stärken/Ressourcen, Verbindungen und Wechselwirkungen	☐	☐	☐	☐	
Kommentierung der Annahmen: Begründetes Sich-in-Beziehung-Setzen zu den Kommentaren	☐	☐	☐	☐	

3. Ziele & Erfolgsfaktoren formulieren	– –	–	+	+ +	Kommentare
Finden möglicher Ziele: Beteiligung der Beratenden am Brainstorming; Vielfalt der Zielformulierungen als erwünschte Zustände (keine Vermeidungsziele)	☐	☐	☐	☐	
Kommentieren möglicher Ziele: Begründetes Sich-in-Beziehung-Setzen zu den Zielen	☐	☐	☐	☐	
Erfolgsfaktoren identifizieren: Formulierung interner/externer Erfolgsfaktoren durch die ratsuchende Person	☐	☐	☐	☐	

4. Lösungswege sammeln	– –	–	+	+ +	Kommentare
Sammlung von Lösungswegen: Beteiligung der Beratenden am Brainstorming; Vielfalt der Lösungswege	☐	☐	☐	☐	
Kommentieren der Lösungswege: Begründetes Sich-in-Beziehung-Setzen zu den Lösungswegen	☐	☐	☐	☐	

5. Umsetzung & Musterbrechung	--	-	+	++	*Kommentare*
Umsetzung der ratsuchenden Person: Neue Handlungsszenarien werden perspektivisch in Form lauten Sprechdenkens formuliert.	☐	☐	☐	☐	

6. Auswertung & Transfer	--	-	+	++	*Kommentare*
Auswertung der ratsuchenden Person: Neue Muster und Stabilisierungsstrategien werden perspektivisch in Form lauten Sprechdenkens formuliert.	☐	☐	☐	☐	

Reflexion des Beratungsprozesses	--	-	+	++	*Kommentare*
Sharing der Gruppe: Mitglieder äußern, was der Fall bei ihnen ausgelöst hat und ob ähnliche oder gegensätzliche Erfahrungen vorliegen.	☐	☐	☐	☐	
Reflexion des Gruppenprozesses: Beteiligte, beginnend mit der ratsuchenden Person, tragen zusammen, was der Gruppe im Rahmen der Fallbesprechungen gelungen ist und was ggf. noch verbessert werden könnte.	☐	☐	☐	☐	

Nehmen Sie für jede der Aussagen eine Einschätzung vor:

»--« = »trifft gar nicht zu«, »-« = »trifft eher nicht zu«, »+« = »trifft eher zu« und »++« = »trifft voll zu«

Prozessumfassende Stabilität	--	-	+	++	*Kommentare*
Strukturelle Stabilität					
Erwartungen & Bedenken: Werden ernstgenommen und berücksichtigt	☐	☐	☐	☐	
Ziele: Werden gemeinsam getragen und umgesetzt	☐	☐	☐	☐	
Organisatorische Bedingungen: Werden bei Bedarf überprüft (Gruppengröße, Frequenz/Dauer der Treffen, Setting, Kosten, Teilnahmebedingungen)	☐	☐	☐	☐	
Getroffene Vereinbarungen: Werden konsequent eingehalten	☐	☐	☐	☐	
Rollen & Ablaufstruktur: Sind allen bekannt, werden konsequent gelebt	☐	☐	☐	☐	

Leitfaden Prozessreflexion

Prozessumfassende Stabilität	--	-	+	++	Kommentare
Psychische Stabilität					
Lern- & Veränderungsbereitschaft: Bereitschaft der Einzelnen und der Gruppe, alte Gewohnheiten zu hinterfragen und die Komfortzone zu verlassen	☐	☐	☐	☐	
Vertrauen & Vertraulichkeit: Offener und wahrhaftiger Umgang miteinander; persönliche Informationen bleiben im Raum	☐	☐	☐	☐	
Verantwortung & Engagement: Verbindlicher und respektvoller Umgang miteinander; Verantwortung für den Prozess wird gemeinsam übernommen	☐	☐	☐	☐	
Selbstwirksamkeit: Gruppe ermutigt die Einzelnen, sich Veränderung zuzutrauen und sich den Anforderungen (des Falles) gewachsen zu fühlen	☐	☐	☐	☐	
Kommunikative Stabilität					
Wertschätzende Kommunikation: Empathie, Wertschätzung, Kongruenz	☐	☐	☐	☐	
Anschlussfähige Kommunikation: Sprach- und Vorstellungswelt der Ratsuchenden und deren Gefühle werden aufgenommen; Gesprächsebenen wechseln zwischen Konkretion und Abstraktion.	☐	☐	☐	☐	
Explorierende Kommunikation: Systemische Gesprächsfiguren werden eingesetzt (zirkuläre Fragen, Reframing oder positive Konnotationen).	☐	☐	☐	☐	
Zeitliche & prozessuale Resonanz: Geschwindigkeit und Verlauf des Beratungsprozesses werden auf das Befinden der Ratsuchenden abgestimmt.	☐	☐	☐	☐	

Austausch über die Einschätzungen

Konkrete Schritte zur Weiterentwicklung

Leitfaden Inneres Team

Kollegiale Beratung auf der Grundlage des Heidelberger integrativen Prozessmodells

Diese Übung dient dazu, die inneren Stimmen zu einem Thema herauszuarbeiten. Sie eignet sich für Situationen, in denen es um Entscheidungsschwierigkeiten geht. Dahinter steht das Konzept einer multiplen Persönlichkeit.
1. Die ratsuchende Person schildert zunächst kurz seine/ihre Entscheidungssituation.
2. Die ratsuchende Person charakterisiert nacheinander die wichtigsten Stimmen, die für die Entscheidungssituation von Bedeutung sind, und findet dafür einen Namen – ggf. mit Unterstützung der Moderatorin bzw. des Moderators. Der Name wird auf einer Moderationskarte festgehalten und diese – nach Auswahl einer die Stimme vertretenden Person – zur Erinnerung im weiteren Gesprächsverlauf auf den Fußboden vor das Teammitglied gelegt. Die ratsuchende Person entscheidet, wer von den Beratenden die jeweilige Stimme darstellen soll. Diese*r setzt sich auf einen leeren Stuhl im Innenkreis. Die Auswahl der Person sollte möglichst zu Beginn der Erzählung über die jeweilige Stimme erfolgen, damit diese sich mit der Rolle identifizieren kann. Nach Beendigung der Charakteristik der jeweiligen Stimme tritt die ratsuchende Person hinter das (innere) Teammitglied (= Stimme) und formuliert in der Ich-Form zwei Schlüsselsätze, die charakteristisch für diese Stimme sind. Die Person, die in einem Stuhlkreis die Rolle übernimmt, wiederholt diese in ihren Worten, ob sie die Stimme verstanden hat.
3. Auf diese Weise werden ca. vier bis sechs Stimmen herausgearbeitet. Wichtig ist dabei, auch leise Stimmen zu berücksichtigen. Die moderierende Person unterstützt diesen Prozess.

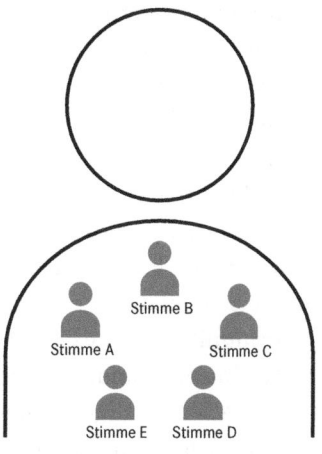

4. Nach Abschluss der Stimmensuche übernimmt die ratsuchende Person die Rolle des Oberhaupts, d. h. die Funktion als Teamchef*in, Moderator*in und Entscheider*in.
5. Die moderierende Person bittet den oder die Ratsuchende*n, die Stimmen zu einer freien Diskussion (Austausch von Argumenten und Gegenargumenten) einzuladen. Die ratsuchende Person kann anschließend zwei oder drei Stimmen gezielt zu einem vertieften Dialog auffordern (z. B. sich widerstreitende Stimmen oder auch eine laute und eine leise).
6. Die ratsuchende Person arbeitet (evtl. mit Hilfe von Moderator*in als »Zweitstimme des Oberhaupts«) vor allem die guten Absichten/Interessen hinter den unterschiedlichen Stimmen/Positionen heraus, schätzt die wertvollen Anteile und Funktionen in jeder Stimme sowie jeweils Gemeinsamkeiten und Unterschiede/Strittiges.
7. Die ratsuchende Person hört sich die Diskussion an und greift nicht ein. Es kann sein, dass während der Diskussion weitere, noch nicht vertretene Stimmen als Spätmelder auftauchen. In diesem Fall kann die ratsuchende Person vorschlagen, diese noch einzubeziehen.
8. Optional kann die ratsuchende Person die Teammitglieder in einem nächsten Schritt bitten, nach einer konstruktiven gemeinsamen Lösung zu suchen. Dabei können die einzelnen Stimmen ihre ursprüngliche Sichtweise verändern. Dieser Schritt kann jedoch auch übersprungen werden, weil das Finden einer Lösung nicht das vorrangige Ziel der Übung ist.
9. Nach dem Abschluss des Austausches der inneren Stimmen übernimmt wieder die ratsuchende Person als Oberhaupt. Sie dankt den inneren Teammitgliedern und teilt mit, was die Diskussion in ihr ausgelöst hat. Sie charakterisiert die derzeitige Sichtweise auf die Entscheidungssituation und begründet diese. Dabei sollte die ratsuchende Person vor allem die guten Absichten und wertvollen Anteile der unterschiedlichen Stimmen würdigen sowie jeweils Gemeinsamkeiten und Unterschiede markieren.
10. Danach entlässt die moderierende Person die Teammitglieder aus ihren Rollen.
11. Abschließend findet ein Feedback der ratsuchenden Person zu Ergebnis und Prozess der Übung statt, ebenso ein Sharing der übrigen Gruppen-

(A) Entfaltungsstimme
Das ist eine super Chance!

(B) Gesundheitsbesorgte Stimme – Sorge vor den Anforderungen

(C) Zögerliche Stimme
Wie komme ich mit den Mitarbeitenden klar?

(D) Familienorientierte Stimme
Zeit für die Familie ist mir wichtig

(E) Freizeitorientierte Stimme
Ich brauche Zeit für Tennis und Wandern

mitglieder sowie eine Prozessreflexion, wie sie allgemein im *Prozessleitfaden* beschrieben sind.
12. Der gesamte Prozess einschließlich der Auswertung und Reflexion erfordert ca. 1 Stunde Zeit.

Quelle: Eigene Abfolge in Anlehnung an: Schulz von Thun, F. (2017). *Miteinander reden 3. Das »Innere Team« und situationsgerechte Kommunikation.*(26. Aufl.). Reinbek bei Hamburg: Rowohlt.

Leitfaden System-Struktur-Zeichnung

Kollegiale Beratung auf der Grundlage
des Heidelberger integrativen Prozessmodells

Bei der System-Struktur-Zeichnung handelt es sich um ein Verfahren zur Visualisierung von Konflikten zwischen Personen. Sie ermöglicht es, durch den Einsatz definierter Symbole Beziehungen, Konflikte oder Koalitionen zu veranschaulichen und auf dieser Basis Ansatzpunkte für Veränderungen zu identifizieren.

Vorgehensweise

1. *Beteiligte Personen benennen:* Zunächst werden die beteiligten Personen von der ratsuchenden Person benannt und anhand von Symbolen z. B. auf einer mit Papier bespannten Pinnwand oder auf einem digitalen White-Board charakterisiert und ihnen Kürzel zugeordnet.
2. *Beziehungen unter den Beteiligten beschreiben:* Anschließend wird – ebenfalls von der ratsuchenden Person – die Art der Beziehung beschrieben und symbolisiert (s. Abb. 1). Nach Abschluss der Darstellungsphase können die Beratenden zunächst Verständnisfragen stellen.
3. *Muster identifizieren:* Das entstandene Bild kann dann in Bezug auf die Beziehung zwischen Einzelelementen interpretiert werden. In dieser Auswertungsphase sollten zunächst die Beratenden Beobachtungen, Vermutungen oder Hypothesen zur möglichen Dominanz bestimmter Beziehungstypen formulieren, die die ratsuchende Person dann kommentiert. Impulsfrage der moderierenden Person: »Welcher Art sind die Beziehungen zwischen den Beteiligten? Dominiert ein bestimmter Beziehungstyp (z. B. offener/ verdeckter Konflikt, Koalition)?«
4. *Größere Zusammenhänge erkunden:* In einem zweiten Schritt werden ebenfalls zunächst von den Beratenden Ideen zu möglichen größeren Zusammenhängen (Wechselwirkungen, Muster, Spiele, ein Gesamtthema etc.) entwickelt. Die ratsuchende Person hört sich diese an und teilt anschließend mit, was die Ideen bei ihr auslösen. Sie kann an dieser Stelle auch eigene weitere Ideen einbringen. Impulsfragen der moderierenden Person: »Wo sehen Sie/

vermuten Sie kleinere oder größere Zusammenhänge, Wechselwirkungen?«
»Welche Muster, welche (Macht-)Spiele sind identifizierbar?«
»Gibt es eventuell ein ›Oberthema‹, sprich ein Gesamtmuster? Wie würden Sie es benennen?«

5. *Interventionsstrategien formulieren:* Zunächst formulieren die Beratenden Lösungsmöglichkeiten und Interventionsstrategien, die dann von der ratsuchenden Person kommentiert, bewertet und ggf. ergänzt werden.
6. *Feedback und Sharing:* Abschließend findet ein Feedback der ratsuchenden Person zum Ergebnis und Prozess der Übung statt, ebenso ein Sharing der übrigen Gruppenmitglieder sowie eine Prozessreflexion – wie sie allgemein im *Leitfaden Prozessgestaltung* beschrieben sind.

Beteiligte Personen		Beziehungen zwischen den Beteiligten	
Visualisierung mittels System-Struktur-Symbolen		Visualisierung mittels System-Struktur-Symbolen	
Mann (wenig Einfluss)	☐	Distanzierte Beziehung	....
Frau (wenig Einfluss)	○	Normale Beziehung	———
Mann (großer Einfluss)	■	Enge Beziehung	═══
Frau (großer Einfluss)	●	Koalition gegen jemanden	⌒
		Offener Konflikt	→←
		Verdeckter Konflikt	—⊕—

Abbildung 1: Legende Beziehungsdarstellung

Der Prozess der Erstellung einer System-Struktur-Zeichnung einschließlich der Reflexion der Übung erfordert in der Regel eine knappe Stunde. Eine Begrenzung dieser Methode ist darin zu sehen, dass lediglich Personen zum Gegenstand der Betrachtung werden, während andere, z. B. strukturelle Einflussfaktoren, keine Rolle spielen. Dies unterscheidet die Methode von der der Systemmodellierung.

Beispiel

Eine Abteilungsleiterin eines mittelständischen Betriebes klagt über Probleme mit ihrem Stellvertreter. Dazu zählen zum Beispiel das Nichteinhalten von Absprachen sowie eine allgemeine Oppositionshaltung ihr gegenüber.

Aus der erstellten Zeichnung (s. Abb. 2) ergibt sich, dass neben dem Konflikt der Abteilungsleiterin mit dem stellvertretenden Leiter auch Spannungen zur Bereichsleiterin bestehen. Insgesamt – so die subjektive Wahrnehmung der Abteilungsleiterin – scheint in der gesamten Firma dieser angespannte Beziehungstypus vorzuherrschen: zwischen Meister, als mittlerer Führungskraft, und Sekretärin, zwischen Meister und stellvertretendem Leiter sowie zwischen Meister und den weiblichen und männlichen Teammitgliedern. Diese Beobachtung entlastet die Abteilungsleiterin emotional ein bisschen – sie ist nicht die einzige mit einem Beziehungsproblem in dem betrachteten System. Ihre gute Beziehung zum Meister, auf die sie stolz ist und die ihr wichtig ist, erscheint ihr aufgrund der Zeichnung im Laufe des Beratungsgesprächs noch in einem anderen Licht: Sie und der Meister haben nämlich einen gemeinsamen Gegner – den stellvertretenden Leiter – und das »vereint« sie. Die gemeinsame Gegnerschaft, die Koalition verbindet sie fast ein wenig symbiotisch.

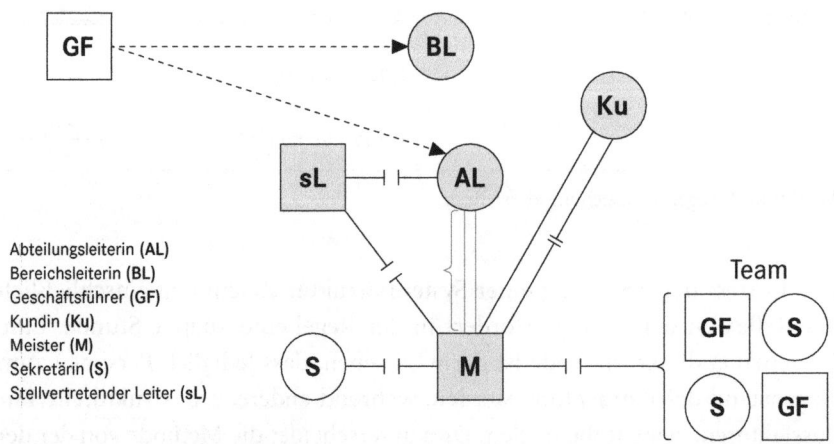

Abbildung 2: Beispiel für eine System-Struktur-Zeichnung (Phase 1)
Quelle: Schiersmann u. Thiel, 2018, S. 380

Vor diesem Hintergrund fällt der Abteilungsleiterin etwas später auf (s. Abb. 3), dass eine solche Koalitionsbeziehung auch zwischen der Bereichsleiterin und dem stellvertretenden Leiter ihr gegenüber existiert. Zu beiden hat sie ein konfliktuöses Verhältnis. Ein Teilmuster wird folgendermaßen charakterisiert: »Hast du Probleme in dieser Firma, dann suche dir ganz schnell einen Koalitionspartner. Das schafft Entlastung.«

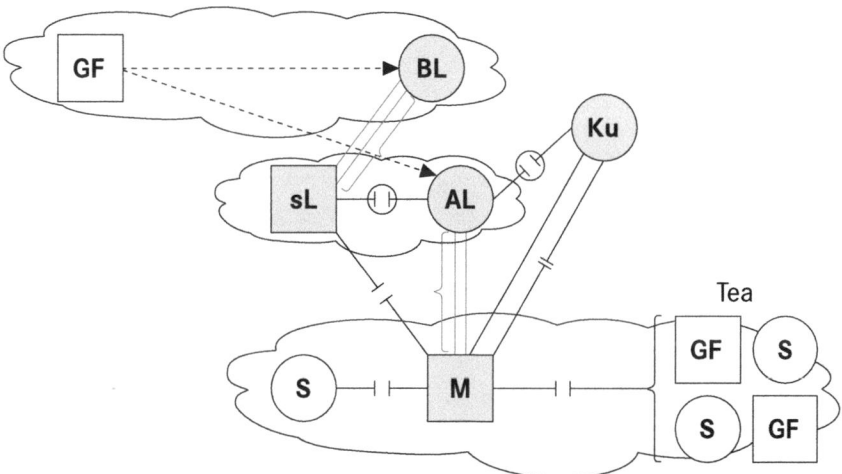

Abbildung 3: Beispiel für eine System-Struktur-Zeichnung (Phase 2)
Quelle: Schiersmann u. Thiel, 2018, S. 381

Über den Geschäftsführer sind die Informationen spärlich, er hat ein distanziertes Verhältnis zur Bereichs- und Abteilungsleiterin und scheint die Führungsrolle nicht deutlich genug wahrzunehmen. Diese Tatsache verführt eventuell einige – so die vorsichtig geäußerte Hypothese eines Beratenden – zu Koalitionen, um das durch den Geschäftsführer entstandene Machtvakuum für sich zu nutzen nach dem Motto: »Nur mit einem engen Partner hast du Einfluss in der Firma – allein bist du machtlos. Schau' dir doch nur den Geschäftsführer an!« Die Abteilungsleiterin korrigiert ihre Wahrnehmung und etikettiert die Beziehung zum Stellvertreter als einen eher verdeckten Konflikt. Insgesamt – so zeigt sich, als sie die zu den formalen Subsystemen gehörigen Personen je mit einer Linie umrandet – existieren Konflikte sowohl innerhalb jeder Hierarchieebene als auch zwischen ihnen.

Aus allen zusammengetragenen Lösungsideen wählt die Abteilungsleiterin vor dem Hintergrund ihrer System-Struktur-Zeichnung die Strategie, den verdeckten Konflikt mit ihrem Stellvertreter, der nach ihrer Aussage »ehemals selber auf diesen Leitungsposten ›scharf‹ war«, anzugehen. Dies scheint ihr machbar. Auf längere Sicht könnten sich dann eventuell auch die Koalitionen zwischen Stellvertreter und Bereichsleiterin einerseits und zwischen ihr als Abteilungsleiterin und dem Meister andererseits normalisieren. Wenn das alles nicht klappt, würde sich die Abteilungsleiterin für eine Konfliktmoderation oder Unternehmens-Mediation stark machen.

Leitfaden Systemmodellierung

Kollegiale Beratung auf der Grundlage
des Heidelberger integrativen Prozessmodells

Phase 1: Situation erfassen

Die ratsuchende Person beschreibt kurz die zu betrachtende Situation und das relevante System und umreißt das Ziel. Letzteres wird auf einer Moderationskarte mit einem speziellen Format (z. B. Rhombus) festgehalten. Wichtig: die Zielkarte neutral formulieren. Beispiel: »gute Kooperation« statt »bessere Kooperation«. Zielkarte an eine beliebige Stelle an die Pinnwand heften, nicht in die Mitte.

Was hat Einfluss auf die Problemsituation bzw. die Zielerreichung?

Die ratsuchende Person trägt (ggf. mit Unterstützung von Moderator*in) Faktoren zusammen, die die Situation beeinflussen. Dabei kann es um Einstellungen, Emotionen, Verhalten sowie ökonomische Faktoren und technische Elemente gehen. Wichtig aber: Wählen Sie keine Personen, sondern Dimensionen, die deren Verhalten, Einstellungen oder Emotionen charakterisieren. Beispiel: nicht »Vorgesetzter«, sondern: »Unterstützung durch Vorgesetzten«. Außerdem sollten die Elemente nicht zu abstrakt formuliert sein, sondern sich möglichst konkret auf die Situation beziehen, zum Beispiel nicht »Motivation«, sondern »Motivation der Projektmitglieder (oder eines bestimmten Projektmitglieds)«. Diese Einflussfaktoren werden jeweils auf einer Moderationskarte notiert und auf der Pinnwand verteilt. Die protokollierende Person hält in Stichworten schriftlich fest, was mit dem Stichwort auf der Moderationskarte genau gemeint ist (s. *Protokollbogen* im Anhang sowie bei den Onlinematerialien). Es sollten insgesamt nicht mehr als acht bis zehn Einflussfaktoren gesammelt werden – es sei denn, es wird mit einer Software gearbeitet. Ggf. wählt die ratsuchende Person am Ende dieses Schrittes die acht bis zehn subjektiv wichtigsten Faktoren aus.

Phase 2: System modellieren

Welche Zusammenhänge zwischen zwei Elementen lassen sich feststellen?

Die moderierende Person fordert die ratsuchende auf, diese beiden Faktoren (mit einem Filzstift) durch eine Linie zu verbinden und mit einem Pfeil die Richtung zu kennzeichnen (Wirkungs-Beziehung). Beispiel: Menge aller gemeinsamen Aktivitäten beeinflusst die Verbindlichkeit von Absprachen zwischen den Teams. Die Pfeilspitze wird mit einem Pluszeichen (+) versehen, wenn diese Beziehung gleichgerichtet ist: »Je mehr ... desto mehr«, aber auch »Je weniger ... desto weniger«. Beispiel: Je größer die Menge gemeinsamer Aktivitäten mit allen drei Teams, desto verbindlicher die Absprachen zwischen den drei Teams. Das Minuszeichen (–) in der Pfeilspitze bedeutet »entgegengerichtet«: »Je weniger ... desto mehr«, aber auch »Je mehr ... desto weniger«. Beispiel: Je größer das Freiheitsgefühl der Mitarbeitenden am eigenen Arbeitsplatz, desto geringer ist die Kontaktdichte zu den anderen Mitarbeitenden (Wirkungs-Art).

Die Stärke des jeweiligen Einflusses (Wirkungs-Intensität) kann durch die unterschiedliche Dicke des Strichs bzw. die Zuweisung einer Zahl (1 = schwache, 2 = mittlere oder 3 = starke Ausprägung) charakterisiert werden. Beispiel: »Eine Kontrolle durch die Geschäftsleitung hat einen starken Einfluss (= 3) auf das Einhalten der Liefertermine«.

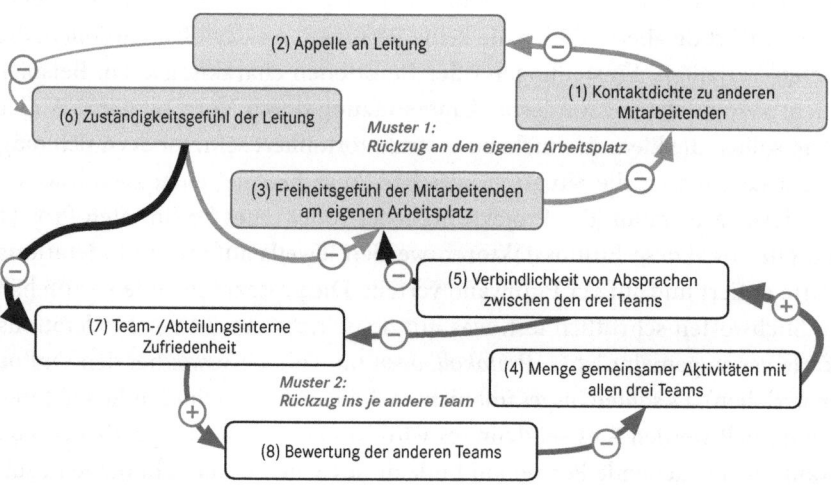

Abbildung 1: Beispiel für eine Systemmodellierung

Die protokollierende Person notiert wiederum in Stichworten, wie der Zusammenhang zwischen zwei Variablen konkret beschrieben wurde.

Phase 3: System interpretieren

Musteranalyse (Makroebene):

Die moderierende Person gibt den Impuls: »Versuchen Sie, ob Sie – über Wechselbeziehungen zwischen zwei Elementen hinaus – längere Einflussketten entdecken können. Beginnen Sie bei einem Faktor und wandern Sie zu anderen, bis Sie wieder bei dem Ausgangsfaktor enden.« Eine solche Kausalkette deutet auf ein Muster im System hin. Dieses wird durch eine andere Farbe oder Schraffur oder Ähnliches gekennzeichnet und mit einem Namen versehen. Werden mehrere Muster identifiziert, sollte noch die Hierarchie zwischen diesen betrachtet werden.

Phase 4: Lösungsstrategien identifizieren

Wo sind Ansatzpunkte für eine Veränderung?

In dieser Phase geht es darum, Ansatzmöglichkeiten für eine erfolgversprechende Intervention bzw. eine Lösungsstrategie zu sammeln. An welcher Stelle könnte das identifizierte Muster gut verstört werden?
    Welche Auswirkungen haben Eingriffe in das System voraussichtlich? Was würde der jeweilige Eingriff an einer bestimmten Stelle in Bezug auf die übrigen Einflussfaktoren auslösen? Wie schnell (z. B. kurz-, mittel- bzw. langfristig) hat die Veränderung eines Einflussfaktors Auswirkungen auf andere? Spielen Sie Auswirkungen der Lösungsidee an dem Systemmodell (s. Phase 2) durch – bis Sie glauben, durch eine begründete Strategie das angestrebte Ziel (s. Phase 1) erreichen zu können.
    Auch in dieser Phase sollten Ratsuchende, Beratende (und Moderator*in) eng zusammenarbeiten.

Phase 5: Reflexion

Abschließend findet ein Feedback der ratsuchenden Person zum inhaltlichen Ergebnis der Übung statt, ebenso ein Sharing der übrigen Gruppenmitglieder sowie eine Prozessreflexion der Gesamtgruppe, beginnend mit dem/der Ratsuchenden – wie im *Leitfaden Prozessgestaltung* beschrieben.

Quelle: In Anlehnung an Schiersmann, C., Thiel, H.-U. (2018). *Organisationsentwicklung. Prinzipien und Strategien von Veränderungsprozessen* (5., überarb. u. aktual. Aufl.). Wiesbaden: Springer VS., S. 281–288.

Handlungsempfehlungen und Tipps Live-Online-Veranstaltungen

👍	Tipps zur technischen und organisatorischen Vorbereitung	– Datenschutzbestimmungen checken – IT-Sicherheit checken – Arbeitsplatz angemessen gestalten – Ungestörtes Umfeld schaffen – Funktion und Nutzung der Kamera prüfen
👍	Tipps zur Gestaltung des Beratungsprozesses	– Informationen vor dem Treffen verfügbar machen – Mit Softwarefunktionen vertraut sein – Formen des gemeinsamen Beginns und Endes klären – Pausengestaltung planen – Dokumentation sicherstellen
👍	Tipps zur Kommunikation	– Treffen wie vereinbart starten und beenden – Eigene Stimme und Ausdruck wahrnehmen – Persönliche Ansprache wählen – Präsenz zeigen – Neue und eigene Kommunikationsrituale schaffen und nutzen – Kommunikation bei technischen Störungen regeln
👍	Einsatz verfügbarer Software-Funktionen	💬 Einzelbeitrag 🗨 Offener Dialog 🅰🅰 Text-Chat 🖵 Whiteboard 🖥 Bildschirmfreigabe 📄 Vorlagen

Zusammenfassung: Prozessumfassende und prozessbezogene Wirkprinzipien

Stabilität schaffen	Um sich im Kontext der Kollegialen Beratung auf Veränderungsprozesse einlassen zu können, sind stabile Rahmenbedingungen wichtig. Strukturelle Stabilität erzeugt Transparenz und Orientierung. Psychische Stabilität entwickelt sich durch von der Gruppe geteilte Werthaltungen. Kommunikative Stabilität entsteht durch wertschätzendes und anschlussfähiges Gesprächsverhalten.
System und Muster identifizieren	Den Ausgangspunkt des Beratungsprozesses bildet die Bestimmung des bio-psycho-sozialen Systems mit seinen Systemgrenzen. Die Verlaufsdynamik des Systems mit seinen kognitiven, emotionalen und verhaltensbezogenen (KEV-)Mustern muss identifiziert und ggf. visualisiert werden.
Ziele und Erfolgsfaktoren formulieren	Bei der Herausarbeitung von Zielen geht es um günstige und attraktive Muster. Diese entstehen unter Einwirkung veränderbarer Erfolgsfaktoren und gestaltbarer Rahmenbedingungen in emergenter Weise und wirken kreiskausal auf das System zurück.
Lösungswege sammeln	Die Entwicklung von Lösungswegen führt zu Strategien, die das System so anregen, dass die Wahrscheinlichkeit der Emergenz neuer Muster zunimmt. Das Sammeln kleinteiliger, iterativer, experimenteller Handlungen soll die nächsten möglichen Schritte in einem Lösungsraum verdeutlichen.
Umsetzung und Musterbrechung fördern	Das System bewegt sich bei Übergängen von alten zu neuen Mustern in kritischen Instabilitäten. Diese Instabilität gilt es zu nutzen und Aktivitäten wie Probehandeln, Umsetzung von Teilschritten oder Veränderung von Einstellungen tragen zur alltagspraktischen Umsetzung neuer Muster bei.
Auswertung und Transfer ermöglichen	Vor dem Hintergrund der Auswertung erfolgter Veränderungsprozesse gilt es, neue und als bedeutsam erlebte Muster zu verstetigen und sie im alltäglichen Handeln zu verankern. Geprüft werden sollte, ob die Lerneffekte auch auf andere Situationen transferiert werden können.

Protokollbogen Fallbesprechung

Kollegiale Beratung auf der Grundlage des Heidelberger integrativen Prozessmodels

Datum: _____ Name: _____

Fokus-Frage

Fokus-Frage formulieren _____
_____
_____
_____

System & Muster

Annahmen formulieren und kommentieren _____
_____
_____
_____
_____
_____
_____

Ziele & Erfolgsfaktoren

Mögliche Ziele finden und kommentieren _____
_____
_____
_____
_____
_____
_____

Erfolgsfaktoren identifizieren _____
_____
_____
_____
_____
_____
_____

© Brill Deutschland GmbH/Vandenhoeck & Ruprecht
C. Schiersmann/M. B. Hausner: Kollegiale Beratung: komplexe Situationen gemeinsam meistern – ISBN 978-3-525-40864-3

Lösungswege
Lösungswege sammeln und kommentieren

Umsetzung/Musterbrechung
Handlungsszenarien entwickeln

Auswertung & Transfer
Inhaltliche Auswertung der Fallbesprechung

Transfer auf andere Situationen

Protokollbogen Systemmodellierung

Kollegiale Beratung auf der Grundlage des Heidelberger integrativen Prozessmodells

Benennung des Elements	Stichworte zur Beschreibung

Protokollbogen Systemmodellierung

Stichworte zur Beschreibung	
Beziehung zwischen Elementen	

© Brill Deutschland GmbH/Vandenhoeck & Ruprecht
C. Schiersmann/M. B. Hausner: Kollegiale Beratung: komplexe Situationen gemeinsam meistern – ISBN 978-3-525-40864-3

⬇ Zugang zum Onlinematerial

Nach einmaliger Anmeldung haben Sie im Verlags-Webshop
bei der Produktseite dieses Buches unter dem Reiter »Download«
Zugang zum Onlinematerial.

https://www.vandenhoeck-ruprecht-verlage.com/kollegiale-beratung
Code: **7sHKobE#55**